学前教育专业"十四五"系列教材

学龄前儿童的保育

主　编　黄娅琴　张　茜
副主编　田红燕
参　编　张真铭　王　彦　邹群丽　姚　榁
　　　　简艾菊　王佳玲　田文婷

华中科技大学出版社
http://press.hust.edu.cn
中国·武汉

内 容 简 介

本教材紧密对接国家专业教学标准和保育员国家职业技能标准，以生活保育工作的具体任务为核心，融入保育员职业技能鉴定要求和托幼园所保教工作实际要求，将思政教育贯穿教材始终。本教材分为一日生活照护、日常保健、安全防护三个模块，具体包括幼儿进餐照护、幼儿饮水照护、幼儿睡眠照护、幼儿如厕照护、幼儿盥洗照护、幼儿来园离园照护、幼儿体格测量与评价、体温测量及物理降温、传染病防护、安全防护教育、常见伤害情景处理十一个项目。教材内容立足社会发展和学前教育发展需要，培养德智体美劳全面发展，掌握扎实幼儿保育知识，具有教育情怀和信息素养，能够从事幼儿园、托幼园所幼儿保教等工作的技能型人才。

图书在版编目(CIP)数据

学龄前儿童的保育 / 黄娅琴，张茜主编. -- 武汉：华中科技大学出版社，2025.1. -- ISBN 978-7-5772-1609-6

Ⅰ. G617

中国国家版本馆 CIP 数据核字第 2025FR0567 号

学龄前儿童的保育 黄娅琴 张 茜 主编

Xuelingqian Ertong de Baoyu

策划编辑：江 畅	
责任编辑：王炳伦	
封面设计：孢 子	
责任校对：林宇婕	
责任监印：朱 玢	
出版发行：华中科技大学出版社（中国·武汉）	电话：(027)81321913
武汉市东湖新技术开发区华工科技园	邮编：430223
录　　排：华中科技大学惠友文印中心	
印　　刷：武汉市洪林印务有限公司	
开　　本：889 mm×1194 mm　1/16	
印　　张：10	
字　　数：268 千字	
版　　次：2025 年 1 月第 1 版第 1 次印刷	
定　　价：59.00 元	

本书若有印装质量问题，请向出版社营销中心调换
全国免费服务热线：400-6679-118　竭诚为您服务
版权所有　侵权必究

前言 Preface

2019年,教育部新设立了中职幼儿保育专业,其后两年全国中职学前教育专业全部专设为幼儿保育专业。其中生活保育是幼儿保育专业核心课程之一。

幼儿保育专业学生在素质上应具有健全的人格、良好的心理品质和健康的体魄;具有良好的人际交往能力、团队合作能力和组织协调能力;基本具备从事幼儿园保育和教学的实际工作能力,具有与家长、幼儿较好沟通和与他人合作的协调能力;乐观向上,热爱学习;掌握幼儿教育基本理论,了解幼儿教育理论前沿动态;具有感知美、理解美、鉴赏美、创造美的能力,有较高的艺术修养和审美情趣。

幼儿保育专业学生在知识上应掌握与本专业职业活动相关的国家法律、法规和行业规定,具备环境保护、安全防护等相关知识与技能;掌握学前儿童卫生保健、儿童心理发展基础知识,理解幼儿保教工作的意义;能够及时处理幼儿的常见疾病与突发事故;掌握幼儿学习与发展的基本知识,熟悉幼儿园保教活动的目标、任务、内容和要求;具备幼儿园教育活动与游戏的组织实施能力;具有制订幼儿园班级教育活动方案和实施教育活动的初步能力;掌握幼儿园一日生活组织与管理的知识和技能;掌握幼儿园班级工作内容及特点;掌握幼儿园班级管理的基本技能;掌握幼儿园教育评价的基本方法,能够运用多种方式公平、全面地评价幼儿。

幼儿保育专业学生在能力上应具有初步观察与解读幼儿行为表达的心理需求的能力;能尊重个体差异,主动了解和满足有益于幼儿身心发展的需求;具有一定的心理调适能力、良好的语言表达能力和沟通合作能力;具有幼儿营养、喂养和健康、安全照护等方面的技能和知识,以及科学组织和独立承担幼儿一日生活各环节保育工作的能力;具有预防与规范处理幼儿常见病症、意外伤害及其他突发事件的技能,以及开展幼儿安全、健康照护的能力;具有观察、识别、记录幼儿的言行和情绪表达的基本技能,以及观察、分析幼儿发展状况的能力,具备家园社(家庭、幼儿园、社区)合作共育能力;能合理利用资源,为幼儿提供适宜的游戏材料,创设适宜的教育环境,促进幼儿健康成长。

本教材立足重庆社会发展和学前教育发展需要,培养德智体美劳全面发展,掌握扎实的科学文化基础和幼儿保育等知识,具备幼儿保育、安全健康照护、早期发展支持等能力,具有教育情怀和信息素养,能够从事幼儿园、托幼园所的幼儿保教等工作的技术型人才。

本教材以培养方案为引领,以生活保育工作的具体任务为核心,整合教学资源和实践经验,将思政、保育员职业技能鉴定要求和托幼园所保教工作实际要求相融合。

本教材有一日生活照护、日常保健、安全防护三个模块,具体包括幼儿进餐照护、幼儿饮水照护、幼儿睡眠照护、幼儿如厕照护、幼儿盥洗照护、幼儿来园离园照护、幼儿体格测量与评价、体温测量与物理降温、传染病防护、安全防护教育、常见伤害情景处理共十一个项目。

本教材具有以下特点。

1. 思政教育

教材是课程教学内容的重要载体,是落实育人要求的重要抓手,对提高教育教学水平和人才培养质量发挥了关键性支撑作用。做好课程思政工作,教材建设是关键。本教材结合课程特点与建设要求,潜移默化地进行思政教育,使学生具有深厚的爱国情感和中华民族自豪感;具备良好的职业道德,树立正确的职业理想,热爱社会主义和幼儿教育事业;具有正确的就业观、创业观;具有良好的职业道德、行为规范、社会责任感和担当精神。

2. 保教结合

保教结合是我国幼儿教育的一大特色,也是幼儿教育一贯坚持的原则。随着人类对自身研究的不断深入,特别是对幼儿身心发展研究的日益加深,保教结合原则显得更为重要,其内涵也更加广泛、深刻。

本教材在内容编写上注重保中有教、教中有保,并使二者互相联系、互相渗透,保教并重,强调保育员与教师的有效合作。

3. 注重实操

本教材的内容以问题引路,设计幼儿园一日生活活动中出现的场景,使学生带着问题进入内容的学习,在实操过程中清楚每个环节的工作要点、工作内容、操作流程、注意事项等。

本教材通过实际操作进一步锻炼学生理论联系实际和分析问题、解决问题的能力,让学生了解幼儿园保育的环节,获得教师职业的初步实际知识和能力,为今后顺利走上工作岗位打下良好的基础。

4. 结合实际

本教材尽可能结合重庆地区托幼机构的区域特点,使学生能够在步入工作岗位后快速适应,成为用人单位所需要的人才。

5. 多元评价

本教材对学生任务的实施评价采用多元化评价模式。评价主体包括自我评价、观察员评价、教师评价,评价的要素包括流程完整度、操作规范、团队合作、有效沟通、人文关怀、反思与收获等。

6. 立体化教材资源

本教材配套了微课视频、习题集等立体化资源,便于教师授课、学生和企事业单位职工的培训学习。

本教材由重庆市酉阳职业教育中心、重庆市酉阳土家族苗族自治县钟多幼儿园有关人员联合编写。黄娅琴、张茜任主编,田红燕任副主编,张真铭、王彦、邹群丽、姚樱、简艾菊、王佳玲、田文婷参编。本教材编写分工如下。

模块一:项目一由黄娅琴编写,项目二由田文婷编写,项目三由简艾菊编写,项目四由姚樱编写,项目五由邹群丽编写,项目六由王彦编写。

模块二:项目一由王佳玲编写,项目二由张真铭编写,项目三由黄娅琴编写。

模块三:项目一由黄娅琴编写,项目二由田红燕编写。

全书由重庆市酉阳土家族苗族自治县钟多幼儿园的张茜进行统稿。

由于编者水平有限,教材中难免会存在一些不妥之处,还请大家包涵并提出宝贵意见和建议。

编者

目录 Contents

模块一 一日生活照护 /1

项目一 幼儿进餐照护 /3
- 任务一 幼儿进餐前照护 /3
- 任务二 幼儿进餐中照护 /8
- 任务三 幼儿进餐后照护 /13

项目二 幼儿饮水照护 /19
- 任务一 幼儿饮水前照护 /19
- 任务二 幼儿饮水时保育 /25

项目三 幼儿睡眠照护 /30
- 任务一 幼儿睡眠前照护 /30
- 任务二 幼儿睡眠中照护 /34

项目四 幼儿如厕照护 /40
- 任务一 幼儿如厕前照护 /40
- 任务二 幼儿如厕后照护 /44

项目五 幼儿盥洗照护 /49
- 任务一 幼儿盥洗前照护 /49
- 任务二 幼儿盥洗中照护 /54

项目六 幼儿来园离园照护 /59
- 任务一 幼儿来园照护 /59
- 任务二 幼儿离园照护 /66

模块二 日常保健 /71

项目一 幼儿体格测量与评价 /73
- 任务一 生长发育指标的测量 /73
- 任务二 生长发育指标的评价 /86

项目二 体温测量与物理降温 /91
- 任务一 体温测量 /91

任务二　物理降温　/97
项目三　幼儿传染病防护　/102
　　任务一　手足口病的防护　/102
　　任务二　水痘的防护　/107

模块三　安全防护　/111

项目一　安全防护教育　/113
　　任务一　幼儿安全防护　/113
　　任务二　幼儿安全教育　/118
项目二　常见伤害情景处理　/124
　　任务一　气管异物的处理　/124
　　任务二　小外伤的初步处理　/131
　　任务三　烫伤的初步处理　/138
　　任务四　溺水的紧急处理　/145

模块一
一日生活照护

模块导学

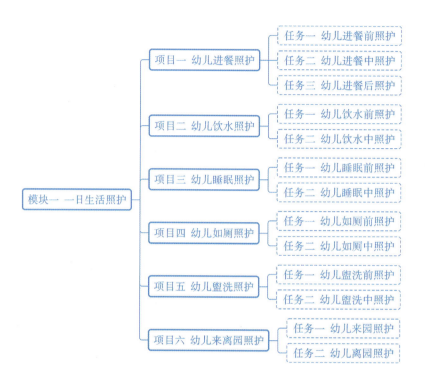

项目一　幼儿进餐照护

 项目描述

进餐作为日常生活中的重要活动,是幼儿成长发育中必不可少的部分。通过在进餐活动中的互动与交流,幼儿能够了解到食物的种类、营养价值以及食物与健康之间的关系,培养其健康饮食习惯和生活技能。由于幼儿消化系统、免疫系统尚未发育完善,生活自理能力不强,独立进餐能力需要培养,因此应关注和重视幼儿进餐活动。

本项目重点学习幼儿进餐前、进餐中、进餐后的照护。

任务一　幼儿进餐前照护

幼儿进餐前照护

 学习目标

知识目标	技能目标	素养目标
1. 知道幼儿进餐前保育的工作任务及重要性。 2. 知道进餐前保育的具体内容	能够规范科学地进行餐前准备	1. 认同餐前准备的保育价值,懂得餐前保育工作失责对幼儿健康的不利影响。 2. 知道中国传统文化中进餐前的礼仪要求

情境导入

小王老师是今年的应届毕业生,刚刚参加工作,上班第一天,需要小王老师为小班的幼儿做午餐进餐前的准备,你觉得她具体应该怎样做呢?

 知识储备

用餐前,教师、保育员针对用餐环节的准备有不同的工作要点和内容,幼儿也有自己需要完成的内容。

一、餐前工作要点

(1)根据季节和气温变化调节室温,使室内温湿度适宜,冬季在20 ℃左右,夏季在28 ℃左右。
(2)餐前播放一些舒缓、优美的音乐,不要在用餐前批评幼儿,使用餐氛围舒适愉快。
(3)餐前可以做一些安静的游戏,不做剧烈运动,为用餐做好情绪准备。

二、餐前保教老师工作内容

(一)教师

(1)餐前30分钟,教师组织幼儿进行一些安静的游戏,此时不要批评幼儿。
(2)餐前15分钟,组织幼儿放好椅子,有序如厕、洗手。洗手后,不要随意触碰物体。
(3)维持餐前纪律,保证餐前的安静氛围,做好餐前鼓励。

(二)保育员

(1)餐前30分钟,保育员换上工作服,戴上头巾和口罩(特别是帽子、口罩),彻底消毒幼儿餐桌。
(2)准备物品:纸巾、温度适宜的漱口水(不能用自来水,部分幼儿在漱口时可能会喝下漱口水,所以漱口水应该是可饮用的),相关物品应符合卫生要求。
(3)用"七步洗手法"彻底清洁双手,再领取幼儿餐具和食物,有序放在操作区。
(4)在操作区内备餐,轻声摆放餐具,有序分发饭菜。

(三)幼儿餐前准备

小班	1. 在老师的帮助和指导下,有序如厕并学习正确的洗手方法。 2. 餐前摆好小椅子,洗手后,不再玩玩具弄脏双手。 3. 在老师的照看下保持安静,不追逐打闹

续表

中班	1. 在老师的提醒下,有序如厕并正确洗手,尽量不把盥洗室地板弄湿。 2. 餐前摆好小椅子,洗手后,不再玩玩具弄脏双手。 3. 在老师的照看下保持安静,不追逐打闹。 4. 值日生协助并轻声分发餐具
大班	1. 自主、有序如厕,按规范洗手并注意节约用水,不弄湿衣物和地板。 2. 餐前摆好小椅子,洗手后,不再玩玩具弄脏双手。 3. 保持安静,不追逐打闹。 4. 值日生协助并轻声分发餐具

三、餐前工作操作规范

(一) 清洁消毒餐桌

(1) 用清水抹布擦去桌面灰尘,按从左到右、从上到下的顺序擦,桌子边沿也要擦干净。

(2) 用消毒抹布按上述顺序擦拭,20分钟后,再用清水抹布再次擦拭,确保无消毒液残留。

(3) 清水抹布和消毒抹布要分开,不可共用。

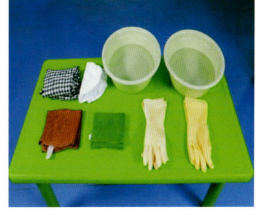

(二) 分发餐具

(1) 餐具摆放整齐有规律,每张桌子上摆一个空盘子用来装食物垃圾。注意手不可直接接触食物和碗口。

(2) 根据幼儿年龄准备餐具。小班幼儿用勺子,中班幼儿用勺子和筷子,大班幼儿用筷子。

(3) 中、大班的值日生可以协助老师分发餐具。

(三) 分发食物

(1) 确保饭菜温度适宜(汤、粥等不烫),幼儿不能触摸食物,食物要加盖,以免进入异物。

分发饭菜的顺序:蔬菜→荤菜→饭→汤。

(2) 分发饭菜要根据幼儿年龄,首次平均分餐(个别食量小的幼儿可减少饭菜量),随后根据幼儿个体差异添加饭菜。

(3) 有特殊需要的幼儿(特定食物过敏、营养不良、体弱儿童)分发特定饭菜。

知识拓展

餐前是对幼儿进行饮食文化教育、环保教育,以及培养幼儿爱惜粮食、尊重他人劳动成果等美德的良好时机。比如,筷子的由来,入席的座位安排,长辈和客人先入座,人到齐了一起吃,席间老人先动筷,不能只吃自己喜欢的食物等。不把喜欢的食物端到自己面前。珍惜粮食,不浪费食物等。

另外,针对幼儿园中的挑食幼儿、厌食幼儿、体弱幼儿等,保教老师可适时对其进行餐前教育,以帮助他们养成良好的进餐习惯。

筷子的历史

我国的用筷历史已有3000多年,筷子在秦汉时期叫"箸"(zhù)。

古人十分讲究忌讳,因"箸"与"住"字谐音,"住"有停止之意,乃不吉利之语,所以,就反其意而称之为"筷"。这就是筷子名称的由来。

筷子多为竹制,亦有金属与塑料等材料的制品。筷子的标准长度是七寸六分,代表人有七情六欲,以示人与动物有本质的不同。

民间关于筷子的起源传说也不少:有的说姜子牙受神鸟启示,发明丝竹筷;也有的说妲己为讨纣王欢心而发明用玉簪作筷;还有的说大禹治水时,为节约时间以树枝捞取热食而发明了筷子等。

筷子可谓是中国的国粹。它既轻巧又灵活,在世界各国的餐具中独树一帜,被西方人誉为"东方的文明"。

任务实施

一、实训要求

以小组合作形式,建议7人为一小组,分别扮演幼儿教师、保育员、观察员以及幼儿,展示完整的幼儿进餐前照护工作流程。

二、实施条件

环境准备	理实一体化教室,环境干净、整洁、安全、温湿度适宜
物料准备	幼儿餐桌、餐具、消毒用品、各种食物模型、签字笔、记录本、消毒剂
人员准备	照护者着装整齐,洗手、剪指甲,具备餐前准备的相关知识

三、实施评价

幼儿进餐前照护实训评价表

评分项目	评分标准或要求	分值	评价方式 自评 权重 20%	观察员评 权重 30%	师评 权重 50%	得分
1. 流程完成度	保育员餐前保育工作的流程完整程度	20分				
2. 操作规范	（1）清洁消毒餐桌； （2）分发餐具； （3）分发食物	20分				
3. 团队合作	（1）小组分工明确； （2）应对过程配合密切	20分				
4. 有效沟通	（1）给予幼儿关心和安慰； （2）表达简洁流畅，用语文明礼貌	20分				
5. 人文关怀	（1）语气、表情、肢体动作等温和有礼； （2）在活动过程中能发现幼儿的不适，能敏锐发现安全隐患	10分				
6. 反思与收获	能通过在活动中的操作分析总结出经验与不足	10分				
综合模拟实训总分		100分	小组总得分			

 知识测试

一、选择题

1. 幼儿进餐的保育任务包括（　　）。

A. 培养幼儿自主进餐的能力 B. 保证幼儿愉快进餐
C. 培养幼儿良好的饮食习惯 D. 以上都是

2. 幼儿消毒桌面流程为（ ）。
A. 清水帕子擦拭→清水帕子擦拭→消毒帕擦拭
B. 消毒帕擦拭→清水帕子擦拭→清水帕子擦拭
C. 清水帕子擦拭→消毒帕擦拭→清水帕子擦拭

3. 分发饭菜的顺序是（ ）。
A. 蔬菜→荤菜→饭→汤 B. 蔬菜→饭→荤菜→汤
C. 荤菜→蔬菜→饭→汤 D. 汤→荤菜→饭→蔬菜

参考答案：1.D；2.C；3.A。

二、判断题

1. 幼儿在饭前多做剧烈运动，使他们充分消耗体力，吃饭时才能吃得多。（ ）
2. 每餐的用餐时间不少于40分钟，工作人员要掌握幼儿进食量，保证吃饱吃好。教育幼儿吃饭要充分咀嚼，不过分催促。（ ）

参考答案：1.×；2.×。

任务二　幼儿进餐中照护

幼儿进餐中照护

学习目标

知识目标	技能目标	素养目标
1. 知道幼儿进餐中保育的工作任务及重要性。 2. 知道进餐中保育的具体内容	1. 能帮助和指导幼儿养成良好的进餐习惯。 2. 能完成对幼儿进餐中的照护和对特殊儿童的照护	1. 具有防范和处理进餐中突发事件的能力。 2. 了解中国传统文化中进餐的礼仪要求

情境导入

幼儿园里，中班的几位小朋友在中午进餐时边吃边玩，吃得非常慢，遇到这种情况，我们作为保教老师，应该怎么办？

知识储备

对不同年龄、不同性格的幼儿所实施的保育方法不一样,因此在进餐保育过程中要不断去学习和探索。

一、进餐中工作要点

(1) 冬季调节好室内温度,注意饭、菜、汤、毛巾的保温(上述"四热"要注意温度,应热而不烫)。

(2) 夏季注意饮食卫生,防止食物变质;创设通风状况良好、室温适宜的就餐环境;为幼儿提供温饭、温菜、温汤。

(3) 针对进餐特殊儿童(如挑食幼儿、过敏幼儿、营养不良幼儿、肥胖幼儿等)的不同情况,进行相应的保育护理。

(4) 让体弱、吃饭比较慢的幼儿先进餐,要采取多鼓励、多表扬、适当帮忙的方法,使每一个幼儿都能愉快地用餐完,避免发生有的幼儿因摄入冷的食物而引起胃部不适等情况。

二、餐前保教老师工作内容

(1) 引导幼儿注意观察当天的菜肴,了解其营养价值,提醒幼儿进餐的注意事项(如注意鱼刺、碎骨等异物)。

(2) 幼儿用餐时,提醒幼儿一口饭一口菜地交替用餐,细嚼慢咽。

(3) 提醒幼儿保持碗、桌面、地面、衣服的清洁。

(4) 幼儿用餐过程中,要注意观察幼儿的情绪状态,幼儿饭量和平时有无太大差别,幼儿是否身体不适。

(5) 视情况为小、中班幼儿增添饭菜,大班幼儿可自己添饭菜。

三、幼儿独立进餐能力及良好进餐习惯的培养

引导幼儿正确使用餐具,小班幼儿使用勺子,中班幼儿使用筷子和勺子,大班幼儿使用筷子。

养成正确的进餐方法。保教老师应坚持少盛多添的原则,给幼儿盛第一碗饭时,量不要过多,指导幼儿根据自己的需要添饭。引导幼儿细嚼慢咽,不要用手抓菜吃。幼儿把嘴里的最后一口饭菜咽下后才能离开饭桌。进餐时不大声说笑,以免因噎呛而发生危险。

当个别幼儿在进餐时出现挑食、偏食、拒食现象时,保教老师要了解其原因,并针对实际情况采取多种形式正面引导,逐步培养幼儿不挑食的习惯。当幼儿不挑食时,要及时表扬、鼓励。但需要注意的是,对于因身体等原因而不能食用某食物的幼儿,应给予尊重。

培养幼儿文明的进餐行为。进餐是维持生命的基本需要,文明进餐也是良好生活习惯的表现。保教老师应培养幼儿饭前洗手,饭后擦嘴、漱口,咀嚼不出声,用餐时不敲碗筷、不撒饭菜等习惯。

四、幼儿进餐要求

小班	1. 在教师和保育员的帮助及指导下,学习并养成正确的进餐坐姿和进食习惯,即身体靠紧桌子,一手扶碗,一手拿勺,一口饭一口菜地吃,最后再喝汤。 2. 幼儿会咀嚼,不挑食。 3. 知道将杂物(如骨头、壳等)放在桌子中间的空碗内。 4. 在保教老师的指导下安静用餐
中班	1. 能自己到餐车前取饭。 2. 能基本保持碗、桌面、地面、衣服的清洁。 3. 能安静进餐,不挑食,不剩饭菜
大班	1. 由值日生将餐具分发到每个小组。 2. 能安静、自主用餐,不挑食,不剩饭剩菜,能自己添加饭菜。 3. 能保持碗、桌面、地面、衣服的清洁

知识拓展

一、过敏幼儿进餐保育

向家长了解幼儿食物过敏的类型,如牛奶、鸡蛋、海鲜、水果中的芒果、坚果类的花生等,对于每一个食物过敏的幼儿都需要制订相应的护理计划。幼儿园需要制订食品管理计划,确保食品过敏幼儿不会误食含过敏原的食品。例如,对于牛奶过敏的幼儿,应该避免向其提供包含牛奶成分的食品。严格控制和标记食品制作和存储过程。

二、肥胖幼儿进餐保育

改善幼儿膳食,教会幼儿科学的饮食习惯,告诉幼儿不要过快进食,实行定点定时进餐,减少零食。控制幼儿的饮食量,每天吃饭时让幼儿先喝汤,后吃主食;以菜为主,肉为辅,降低幼儿的饮食量。指导幼儿吃饭时学会细嚼慢咽,这样可以让大脑有时间接收饱腹信号,有助于防止过度进食。督促幼儿养成不挑食、不贪食、不暴饮暴食的习惯。限制幼儿吃高脂肪食品、糖果、糕点,少吃荤油、肥肉,给幼儿准备适量低热量的食品(如蔬菜和水果)。

三、体弱幼儿进餐保育

体弱而脾虚的幼儿饮食中应尽量少吃凉性的食物(如西瓜等),否则会引起消化不良,导致腹胀。如果想吃凉性水果,最好在午餐后、晚饭前少吃一点,不可过量。

对于虚寒体质的幼儿,可以多吃一些温热性的食物,如桂圆、荔枝等。

对于容易反复感冒的幼儿,可以多吃些富含维生素C的食物(如西红柿、猕猴桃等瓜果蔬菜),对预防和抵抗感冒能起到一定的作用。

对于营养不良的幼儿,保育员首先应帮助其改善不良的饮食习惯。其次,在幼儿进餐时,保育员要仔细观察,了解他们的进餐量、进食速度,以及对食物的偏好,以便根据幼儿的需求,及时提供营养均衡、全面的膳食,保证旺盛的食欲,达到逐渐改善幼儿身体状况的目的。

任务实施

一、实训要求

以小组合作形式,建议7人为一小组,分别扮演幼儿教师、保育员、观察员以及幼儿,展示完整的幼儿进餐中照护工作流程。

二、实施条件

环境准备	理实一体化教室,环境干净、整洁、安全、温湿度适宜
物料准备	幼儿餐桌、餐具、各种食物模型、签字笔、记录本
人员准备	照护者着装整齐,洗手、剪指甲,具备进餐指导的相关知识

三、实施评价

幼儿进餐中照护实训评价表

评分项目	评分标准或要求	分值	评价方式			得分
			自评	观察员评	师评	
			权重 20%	权重 30%	权重 50%	
1. 流程完成度	能指导幼儿完成自主进餐	20分				

续表

评分项目	评分标准或要求	分值	评价方式			得分
			自评 权重 20%	观察员评 权重 30%	师评 权重 50%	
2. 操作规范	照护者应仔细观察幼儿进餐时的精神状况、情绪状态、进餐的速度、食量，发现有异常情况应及时处理	20分				
3. 团队合作	(1) 小组分工明确； (2) 应对过程配合密切	20分				
4. 有效沟通	(1) 给予幼儿关心和安慰； (2) 表达简洁流畅，用语文明礼貌	20分				
5. 人文关怀	(1) 能指导幼儿完成自主进餐； (2) 能对幼儿进行用餐教育，用餐氛围良好	10分				
6. 反思与收获	能通过在活动中的操作分析总结出经验与不足	10分				
综合模拟实训总分		100分	小组总得分			

  知识测试

1. 具有促进铁吸收功能的是(　　)。
   A. 维生素 A　　　　　B. 维生素 B　　　　　C. 维生素 C　　　　　D. 维生素 D
2. 下列食物中，含维生素 C 最丰富的是(　　)。
   A. 牛奶　　　　　　　B. 鱼虾　　　　　　　C. 面粉　　　　　　　D. 新鲜水果
3. 维生素 C 缺乏时可导致(　　)。
   A. 脚气病　　　　　　B. 坏血病　　　　　　C. 佝偻病　　　　　　D. 夜盲症
4. 能促进钙的吸收的维生素是(　　)。
   A. 维生素 A　　　　　B. 维生素 B　　　　　C. 维生素 C　　　　　D. 维生素 D
5. 对待肥胖幼儿应(　　)。

A. 控制饮食，帮助肥胖幼儿在能接受的情况下进行适量运动

B. 让肥胖幼儿进行运动量大的活动，锻炼其身体

C. 让肥胖幼儿少吃东西

D. 给肥胖幼儿吃减肥药

参考答案：1. C；2. D；3. B；4. D；5. A。

任务三　幼儿进餐后照护

幼儿进餐后照护

 学习目标

知识目标	技能目标	素养目标
1. 知道幼儿进餐后保育的工作任务及重要性。 2. 知道进餐后保育的具体内容	1. 能掌握进餐后整理的规范操作。 2. 能对不同年龄幼儿进行餐后的个人卫生指导	培养有耐心、细致发现问题和解决问题的能力

 情境导入

某天，小班的幼儿吃完午饭后，多数幼儿手上和脸上都沾染了油渍，请根据需要，正确、完整地完成幼儿进餐后的照护。

 知识储备

幼儿进餐结束并不是进餐保育工作的结束，此时还有很多保育工作仍要继续进行。

一、餐后保教老师工作内容

（一）教师

（1）引导幼儿在用餐后完成餐后的整理工作。

（2）创设环境，根据幼儿的成长需要开展集体或幼儿自选的餐后安静活动。

(3) 帮助有特殊需要的幼儿,处理突发事件。

(二) 保育员

(1) 指导幼儿将餐具放置到指定位置,并用专用帕子擦嘴、用专用漱口水漱口。
(2) 指导中、大班值日生协助做好餐具、桌椅、地面的清洁整理工作。
(3) 做好用餐环境以及物品的清洁卫生工作。

二、餐后个人卫生的指导方法

(一) 餐后漱口的指导方法

保证每个幼儿吃完午饭后都能漱口(漱口水温度适宜),这样既能保护幼儿的牙齿,又能避免幼儿含饭睡觉。

教会幼儿正确的漱口方法:咽下最后一口饭后,将水含在嘴里,闭口,然后鼓动两腮(次数多一些),使漱口水与牙齿、牙龈及口腔黏膜表面充分接触,利用水反复来回冲洗口腔内各个部位,使牙齿表面、牙缝和牙龈等处的食物碎屑得以清除,从而达到清洁口腔的目的。

漱口儿歌:手拿花花杯,含口清清水,抬起头,闭上嘴,咕噜咕噜吐出水。

幼儿漱口时,要学会讲秩序和等待,等待过程中不推搡、不嬉戏打闹,注意不要弄湿地板。

(二) 餐后擦嘴的指导方法

擦嘴时,可使用一次性餐巾纸或者小毛巾。使用餐巾纸时,教师要为幼儿提供大小适宜的餐巾纸。擦嘴时,幼儿双手捧住餐巾纸,放在嘴唇上,双手推动纸巾,从两嘴角向中间擦,擦完一次后对折,再擦一次,最后将手擦干净。刚入园的幼儿不会擦嘴,教师可以将擦嘴的方法编成儿歌,以帮助幼儿学会擦嘴的正确方法。

擦嘴儿歌:小餐巾,两手拿,两边往中擦嘴巴。折好方块再擦擦,手心手背别忘擦。

三、幼儿餐后行为

小班	1. 在老师的帮助和指导下,学习用正确方法漱口、擦嘴,并把毛巾、碗、勺子放到指定地方。 2. 先用餐完的幼儿可以先自主选择开展安静的活动,等待其他幼儿结束用餐
中班	1. 用正确方法漱口、擦嘴,并把毛巾、碗、勺子放到指定地方,安放好自己的小椅子。 2. 先用餐完的幼儿可以先自主选择开展安静的活动,等待其他幼儿结束用餐。 3. 在老师的指导下进行餐后的环境清洁、整理工作
大班	1. 用正确方法漱口、擦嘴,并把毛巾、碗、勺子放到指定地方,安放好自己的小椅子。 2. 先用餐完的幼儿可以先自主选择开展安静的活动,等待其他幼儿结束用餐。 3. 自主进行餐后的环境清洁、整理工作

四、餐后整理工作操作规范

（一）餐后桌面的清洁

将掉到桌子上的饭粒、杂物收拾干净。用清水擦拭桌面，确保桌面干净。若桌面比较油腻，可在专用抹布上滴少许洗洁精，向同一方向擦拭桌面、桌边，再将抹布用流动水洗净、拧干后，再次擦拭桌子，直到桌子干净无洗洁精残留为止。

（二）餐后地面的清洁

指导幼儿餐后将饭碗、汤碗、勺子、筷子等按要求分门别类地摆放。

注意将保洁用品、用具放置在幼儿接触不到的地方，按规范操作要求执行，消除安全隐患。

餐后对地面进行湿性打扫，先用湿扫帚从里往外扫，扫帚要压住地面，避免甩、扬扫帚，防止尘土飞扬。拖布洗净后拧干水，拖地也要注意按由里往外的倒退着的顺序拖，拖把要勤洗直到地面干净为止。

用消毒液再次擦拭地面进行消毒。擦地消毒后，应开窗通风，让地板尽快干燥，防止幼儿滑倒。

（三）餐具的清洁

先把所有盛食物的器皿用洗洁精浸泡。

再用专用抹布对所有器皿进行清洗，顺序为先洗碗口、碗内侧和碗内底，再洗碗外侧和碗外底。杯子的清洗方法是先洗杯口、里面和底部，再洗杯柄、外侧和外底，后用流动水反复冲净。清洗完毕后，将餐具依次排列放入待消毒的盛器中。

（四）餐具消毒

（1）做到所有餐具用一次，消毒一次。
（2）煮沸法消毒：水面应浸没所有餐具，水沸腾后再煮10分钟。
（3）蒸汽法消毒：水沸腾后再蒸15分钟。
（4）消毒完毕后，消毒过的餐具、杯具放进专门收纳的容器中，手不碰杯口和碗口，待下次使用时再取出。

五、餐后活动

（一）餐后环境

餐后的活动要充分尊重幼儿成长发育规律。餐后活动环境应干净、安全、舒适，要有可供选择的多种活动内容，但是不宜组织幼儿玩大型玩具或是进行剧烈运动。

（二）活动内容

餐后活动应为幼儿提供自主学习、自主游戏等多种选择，坚持以幼儿为本，有计划、有目的地实施，如区角游戏、音乐游戏、自主阅读等较为安静的活动。

（三）注重幼儿发展的个体差异

教师可利用餐后过渡环节，为幼儿提供表现自己长处和获得成功体验的机会，各种活动不仅为每个幼儿提供了多样的学习机会，也有利于教师对幼儿进行个别化的指导与教育。

（四）餐后散步

餐后散步可以令幼儿心情愉悦，餐后散步的重要性不可忽视，教师要正确引导幼儿开展餐后散步活动。

餐后散步在餐后15～20分钟进行，时间为10～15分钟。散步的环境要安全干净，空气要清新，温度较为适宜。散步的节奏不宜剧烈，及时更换汗湿的衣物。炎热的午后或是雨雪天则应在室内进行散步。

在组织幼儿散步前应向幼儿讲清散步地点，提醒幼儿散步时的注意事项，特别是对安全的要求一定要具体。要提醒幼儿在散步的过程中从不同的角度去认识事物，使幼儿获得更加丰富的知识。

散步的好处如下。

（1）可以促进食物消化，帮助幼儿睡眠。

（2）可以使幼儿接触自然，开阔幼儿视野，锻炼幼儿的观察力、想象力、记忆力。

（3）增强幼儿之间的交往，锻炼幼儿表达能力。

知识拓展

进餐礼仪顺口溜

要做文明好宝宝，就餐礼仪不能少。

筷子勺子不乱敲，讲话嬉笑就不好。

不挑食也不剩饭，细嚼慢咽肠胃好。

餐后收拾少不了，比比谁是好宝宝。

 任务实施

一、实训要求

以小组合作形式，建议7人为一小组，分别扮演幼儿教师、保育员、观察员以及幼儿，展示完整的幼儿进餐后照护工作流程。

二、实施条件

环境准备	理实一体化教室,环境干净、整洁、安全、温湿度适宜
物料准备	幼儿餐桌、餐具、签字笔、记录本
人员准备	照护者着装整齐,洗手、剪指甲,具备餐后指导的相关知识

三、实施评价

幼儿进餐后照护实训评价表

评分项目	评分标准或要求	分值	评价方式			得分
			自评 权重 20%	观察员评 权重 30%	师评 权重 50%	
1. 流程完成度	能完成餐后的整理流程	20分				
2. 操作规范	指导幼儿完成餐后的个人卫生及餐后活动	20分				
3. 团队合作	(1)小组分工明确; (2)应对过程配合密切	20分				
4. 有效沟通	表达简洁流畅,用语文明礼貌	20分				
5. 人文关怀	能在餐后活动中细心观察幼儿情况,给予幼儿关心和安慰	10分				
6. 反思与收获	能通过在活动中的操作分析总结出经验与不足	10分				
综合模拟实训总分		100分	小组总得分			

知识测试

1. 用煮沸法消毒时,水面应浸没所有餐具,水沸腾后再煮(　　)分钟;用蒸汽法消毒时,水沸腾后再蒸(　　)分钟。

　　A. 15分钟　　　　　　B. 20分钟　　　　　C. 10分钟　　　　　D. 5分钟

2. 小班幼儿在餐后可以(　　)。

　　A. 自主选择并安静活动　　　　　　B. 在教师指导下清洁整理环境

　　C. 在教师指引下选择安静的活动　　D. 玩大型玩具

3. 清洗杯具的顺序是(　　)。

　　A. 先洗杯柄、里面和底部,再洗杯口、外侧和外底

　　B. 先洗外侧、里面和底部,再洗杯柄、杯口和外底

　　C. 先洗杯口、里面和底部,再洗杯柄、外侧和外底

　　D. 先洗外底、里面和底部,再洗杯柄、外侧和杯口

参考答案:1. C、A;2. C;3. C。

项目二　幼儿饮水照护

```
                      ┌─ 任务一  幼儿饮水前照护
项目二  幼儿饮水照护 ─┤
                      └─ 任务二  幼儿饮水中照护
```

 项目描述

水是人体的重要组成部分，对幼儿的生长发育尤为重要。幼儿身体的含水量比成人高，每日所需的水量也比成人多。保持水分平衡可以促进新陈代谢和营养吸收，提高免疫力，促进大脑发育和认知能力提升。因此，幼儿园饮水保育至关重要，幼儿园应该为幼儿提供充足的饮水机会和条件，保证幼儿每日所需水分的摄入。

本项目重点学习幼儿饮水前、饮水时的保育工作。

任务一　幼儿饮水前照护

幼儿饮水前照护

 学习目标

知识目标	技能目标	素养目标
1. 知道幼儿饮水前保育的工作任务及重要性。 2. 知道幼儿饮水前保育的具体内容	能够规范科学地进行饮水前准备	懂得水分缺失对人体的不利影响

 情境导入

大家都知道，水是人体的重要组成成分，饮水保育则是幼儿园日常保育工作中不可忽视的一环。

那么,在幼儿饮水前我们需要具体做些什么呢?

知识储备

饮水前,教师、保育员针对饮水环节的准备有不同的工作要点和内容,幼儿也有自己需要完成的内容。

一、饮水前工作要点

(1) 为幼儿准备充足的饮用水,做到冬暖夏凉。
(2) 幼儿需要适时补充水分。
(3) 饮水前做好手部的清洁。
(4) 做好饮水前准备工作。

二、饮水前保教老师工作内容

(一) 教师

(1) 引导幼儿养成良好的饮水习惯,增强幼儿喝水的有关安全知识。
(2) 指导幼儿遵循饮水规则,养成饮水时坐在固定位置,并用两只手端起杯子饮水的习惯。
(3) 根据季节、气候、活动的需要,灵活地组织幼儿有序地饮水。让幼儿懂得应该避免在饭前、饭后、剧烈运动后立即饮水,以免对幼儿的身体造成不良影响。

(二) 保育员

(1) 检查饮水设施,确保水源干净、卫生,并保持饮水设施的良好工作状态。
(2) 准备饮水杯。为每个幼儿准备干净合适的饮水杯。
(3) 监督幼儿的饮水行为。提醒幼儿遵守饮水规则,帮助需要帮助的幼儿,并鼓励幼儿多喝水。
(4) 清洁和消毒。负责清洁和消毒饮水杯和相关设施,确保幼儿的饮水安全和饮水卫生。
(5) 记录和关注饮水情况,跟踪幼儿的饮水习惯和健康状况。

(三) 饮水前准备

小班	1. 准备温度适宜(30 ℃左右)的白开水,约100毫升。为口杯制作不同的标记,口杯把手朝外摆放,方便幼儿拿取。 2. 激发幼儿喝水的愿望。 3. 能按照自己的照片找到自己对应的水杯。 4. 鼓励幼儿能自己有序地接水、倒水。 5. 指导幼儿握好杯把,端稳口杯,轻轻走到喝水区,一口一口慢慢喝

续表

中班	1. 为幼儿准备温度适宜的白开水。 2. 提前擦拭、整理盥洗室，保持室内干燥和整洁。 3. 组织幼儿喝水前洗手。 4. 提醒幼儿用正确的方法端取口杯，接适量的水。 5. 对聊天、打闹、拿着杯子乱跑的幼儿及时提醒和引导，及时表扬有序等待以及安静喝水等良好行为
大班	1. 根据幼儿身体需要及时调整喝水量，饭前半小时之内不要喝水，运动后休息一会儿再喝水等。 2. 提醒幼儿喝完杯中的水后，将口杯轻轻地放到指定位置。 3. 引导大班幼儿及时告知教室地面有水；指导大班幼儿尝试保持地面干燥。 4. 提醒幼儿及时用毛巾擦拭嘴上的水迹或更换被洒湿的衣服。 5. 引导幼儿讨论、制定喝水规则，使幼儿自愿遵守喝水规则

三、饮水前工作操作规范

(一) 清洁消毒茶水桶

1. 清洁

（1）倒去茶水桶里的隔夜水。

（2）在流动水下用专用抹布按照桶口→桶内壁→桶底→茶水桶盖子内侧、外侧→桶外壁的顺序由内向外清洁茶水桶。

（3）关上水龙头，往茶水桶中倒入适量的开水。盖上盖子，用力摇晃茶水桶，使开水能充分接触到桶内壁的每个角落。打开水龙头，让水流出冲洗出水口。

2. 消毒

每天用开水消毒茶水桶内壁，用消毒液擦拭外壁。

（二）清洁消毒水杯

1. 清洁

第一步：戴上橡胶手套，将脏杯子内外在流动的清水下进行冲洗。

第二步：清洗之后，用沾有洗洁精的专用毛巾由内到外依次对水杯进行擦拭。

第三步：洗洁精擦拭干净后，用流动水进行彻底清洁。

第四步：杯子冲洗干净之后，将杯口朝下放置在专用篮子里沥干水分。

2. 消毒

水杯按照用一次就消毒一次的原则进行消毒。

（1）用开水煮沸消毒时，水面应浸没水杯，水煮沸后再煮10分钟。

（2）高温消毒柜，按下消毒按钮，消毒30分钟左右。

3. 摆放水杯

消毒完成后，按要求将杯把向外摆放在水杯架上，并做好消毒记录。

4. 摆放茶水桶和备水

（1）摆放茶水桶。

摆放在较宽敞、方便幼儿随时能排队饮水的地方；摆放茶水桶时，应盖好橱柜盖并锁上。

（2）备水。

根据天气、活动量、幼儿的年龄特点等备好充足的茶水；确保水温适宜，冬暖夏凉且干净卫生。

知识拓展

地球上约有十四亿立方千米的水,能填满八百万亿个奥运会游泳池。地球上百分之九十七的水是咸水,百分之二点一的淡水仍被冰冻在极地冰盖,所以我们能直接使用的淡水不到百分之一。我们细胞的三分之二是水,我们平均每人每年喝一立方米的水。

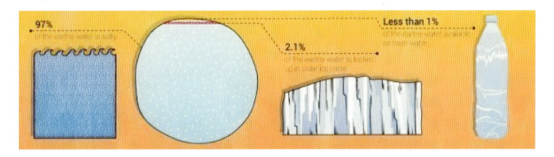

保护水环境,需要我们做什么?

不向河道乱丢或倾倒生活、工业、建筑、畜禽养殖等产生的垃圾;不在河边乱堆放、乱搭建,不私自占用河道绿化用地,自觉保护河道两岸环境;不侵占河道,维护河道通畅,确保防洪安全;积极劝阻沿河乱扔垃圾、乱排污水等不文明行为;勇于揭发违章搭建、乱挖乱采、乱排放等损害河道环境的违法行为。

任务实施

一、实施要求

以小组合作形式,建议6人为一小组,分别扮演幼儿教师、保育员、观察员以及幼儿,进行完整的幼儿饮水前照护工作流程。

二、实施条件

环境准备	干净、整洁、温湿度适宜
材料准备	桌子,干净的饮水杯
物品准备	幼儿的饮水桶、水杯、抹布、洗洁精、流动水,消毒柜,签字笔、记录本
人员准备	着装整齐、洗手、剪指甲,具备饮水前准备的相关知识

三、实施评价

幼儿饮水前照护实训评价表

| 评分项目 | 评分标准或要求 | 分值 | 评价方式 | | | 得分 |
| | | | 自评 | 观察员评 | 师评 | |
			权重20%	权重30%	权重50%	
1. 流程完成度	饮水前保育工作的流程完成度	20分				
2. 操作规范	(1) 清洁、消毒茶水桶; (2) 清洁、消毒水杯; (3) 摆放水杯; (4) 摆放茶水桶与备水	20分				
3. 团队合作	(1) 小组分工明确; (2) 应对过程配合密切	20分				
4. 有效沟通	(1) 给予幼儿关心和安慰; (2) 表达简洁、准确、流畅,用语文明	20分				
5. 人文关怀	在活动过程中能及时发现问题及安全隐患	10分				
6. 反思与收获	能通过在活动中的操作分析总结出经验与不足	10分				
	综合模拟实训总分	100分	小组得分			

知识测试

一、选择题

1. 饮水前我们应该做什么？（　　）
A. 拿起饮水杯就可以喝水了　　B. 洗手后可以直接喝水
C. 先洗手再喝水
2. 清洁茶水桶的顺序（　　）。
A. 由内到外　　　B. 由外到内　　　C. 由上到下
3. 水杯消毒的正确方法（　　）。
A. 太阳暴晒　　　　　　　　B. 使用消毒水进行消毒
C. 消毒柜进行消毒

参考答案：1. C；2. A；3. C。

二、判断题

1. 幼儿在进行剧烈运动后应立即喝水（　　）。
2. 茶水桶里的水第二天还可继续饮用（　　）。

参考答案：1. ×；2. ×。

任务二　幼儿饮水时保育

幼儿饮水中照护

 学习目标

知识目标	技能目标	素养目标
能明白饮水对身体健康的重要性	1. 能帮助指导幼儿养成良好的饮水习惯。 2. 能完成对幼儿饮水照护和对特殊儿童的照护	1. 具有培养幼儿自理能力和卫生意识的能力。 2. 具有环保意识

情境导入

幼儿园小朋友在参加完户外活动后,"一窝蜂"地冲进教室随意拿着一个水杯就开始接水喝,看见这种场景,作为保教老师,我们怎么办呢?

 知识储备

一、喝水时需要注意的事项

(1)注意水的温度:喝水时要确保水的温度适宜,不要太凉或者太热,以免对口腔和咽喉造成刺激,最好选择温水或者自然温度的水。

(2)喝水时不要走路或者跑步:喝水时最好坐下或者站着喝,不要边走边喝或者边跑边喝,避免发生意外或者呛到水。

(3)跑完步喝水时要稍等:如果在剧烈运动后喝水,应该稍等一会儿,等呼吸稍微平稳一些再喝水,这样有助于身体适应变化。

(4)适量饮用矿物质水:饮水不仅要考虑水的量,也要考虑水的质。饮用适量含有矿物质的水,如矿泉水,可以帮助补充身体所需的矿物质。

二、饮水时保教老师的工作内容

(一)教师

(1)根据天气、运动等需要,合理安排饮水时间。
(2)关注并指导幼儿正确拿取、摆放自己的水杯,正确接水、喝水,保持水杯的清洁。
(3)指导监督幼儿遵守饮水规则。
(4)关注幼儿的饮水情况,对有特殊情况、不爱饮水的幼儿,及时提醒并鼓励幼儿多饮水。
(5)培养幼儿按需自主饮水的习惯。

(二)保育员

(1)督促幼儿遵循饮水规则,鼓励幼儿多喝水。
(2)根据需要帮助幼儿拿取饮水杯。
(3)根据天气情况提供温度适宜的饮用水。
(4)保持饮水区域地面、饮食基槽整洁干燥,饮水杯架整洁干净。
(5)做好相关饮水记录。

三、指导幼儿学会正确的饮水方法,并遵守饮水规则

(1)引导幼儿饮水前洗手,再从水杯架取出自己的水杯,有序地取水。
(2)指导幼儿正确拿水杯,握好杯把,将水杯口置于水龙头下方,对准水龙头接水。
(3)打开水龙头,接半杯或者三分之二的水,并及时关闭水龙头。
(4)幼儿喝水时,提醒幼儿坐在指定区域,拿稳水杯,先小口尝试水温,水温合适后再喝。
(5)喝完水后,将水杯有序地放回对应位置。
(6)让幼儿知道剧烈运动后、吃饭前后不能大量喝水。
(7)每次喝水时,尽量喝足,养成良好的饮水习惯。

四、幼儿饮水时的保育要求

小班	1. 每天提供温度适宜的饮用水,茶水桶上锁。 2. 观察幼儿的饮水情况,对不同需要的幼儿给予帮助。 3. 鼓励幼儿多喝水。 4. 对幼儿的饮水时段进行管理,注意观察记录
中班	1. 每天提供温度适宜的饮用水,茶水桶上锁。 2. 观察幼儿的饮水情况,对不同需要的幼儿给予帮助。 3. 鼓励幼儿多喝水。 4. 帮助幼儿养成科学的饮水习惯
大班	1. 每天提供温度适宜的饮用水,茶水桶上锁。 2. 观察幼儿的饮水情况,对不同需要的幼儿给予帮助。 3. 鼓励幼儿多喝水。 4. 帮助幼儿养成科学的饮水习惯

知识拓展

什么样的水才是安全饮用水?

水是构成人体的重要组成成分,是七大营养素之一,对人体健康起着重要作用。

白开水是幼儿的最佳饮品。白开水不光能满足幼儿的生理需要,还能为他们提供一部分的矿物质和微量元素。儿童新陈代谢快,对水的需求量比成人多,同时肾脏功能不健全,因此,水和矿物质、微量元素缺乏或过多,都会影响幼儿身体的健康。习惯喝饮料不喝水的幼儿,常常食欲不振、多动、身高体重不足。

长期饮用矿泉水和纯净水不利于幼儿身体健康。矿泉水中某种矿物质或微量元素含量高,对某些特定人群有保健作用,如有缺锌症的儿童饮用高锌矿泉水就会有益处。长期饮用纯净水必然使人体某些矿物质和微量元素摄入不足,容易对身体造成不良影响,对正在发育的幼儿影响更大。

 任务实施

一、实训要求

以小组合作形式,建议 6 个人为一小组,分别扮演幼儿教师、保育员、观察员及幼儿,完整展示幼儿饮水时保育工作流程。

二、实施条件

环境准备	理实一体化教室,环境干净、整洁、温湿度适宜
材料准备	桌子,温度适宜的饮用水,干净的茶水桶、饮水杯
人员准备	照护者着装整齐、洗手、剪指甲,具备饮水时指导的相关知识

三、实施评价

饮水时保育实训评价表

评分项目	评分标准或要求	分值	评价方式			得分
			自评	观察员评	师评	
			权重 20%	权重 30%	权重 50%	
1. 流程完成度	保育员饮水时保育工作的流程完成度	20 分				
2. 操作规范	(1) 照护者应仔细观察幼儿饮水时的情况; (2) 取、放水杯; (3) 水杯接取的水量; (4) 饮水时是否遵守饮水规则	20 分				
3. 团队合作	(1) 小组分工明确; (2) 应对过程配合密切	20 分				

续表

评分项目	评分标准或要求	分值	评价方式			得分
			自评 权重 20%	观察员评 权重 30%	师评 权重 50%	
4. 有效沟通	(1) 给予幼儿关心和安慰； (2) 表达简洁、准确、流畅,用语文明	20 分				
5. 人文关怀	在活动过程中能及时发现问题及安全隐患	10 分				
6. 反思与收获	能通过在活动中的操作分析总结出经验与不足	10 分				
综合模拟实训总分		100 分	小组得分			

知识测试

1. 对于不喜欢喝水的幼儿,我们应该(　　)。
 A. 不想喝就不喝　　　　　　　　　　B. 提醒他喝水,并逐步养成习惯
 C. 强制他喝
2. 在(　　)不能大量喝水。
 A. 夏天　　　　　　B. 剧烈运动后　　　　　　C. 冬天
3. 幼儿在运动后,饮水的最佳方式是(　　)。
 A. 一次性喝很多水　　　　　　　　　　B. 小口小口地喝水,等呼吸稍微平稳后再喝
 C. 一边走路一边喝水
4. 幼儿的最佳饮品是(　　)。
 A. 矿泉水　　　　　　B. 可乐　　　　　　C. 白开水

参考答案:1.B;2.B;3.B;4.C。

项目三 幼儿睡眠照护

```
项目三 幼儿睡眠照护 ──┬── 任务一 幼儿睡眠前照护
                  └── 任务二 幼儿睡眠中照护
```

 项目描述

幼儿的生长和大脑发育离不开充足的睡眠,充足的睡眠具有下列好处:①消除疲劳,保护神经系统;②促进幼儿生长发育;③提高幼儿智力;④增强幼儿的抗病能力。年龄越小的幼儿,所需要的睡眠时间越长,因此,作为幼儿教师、保育员应该培养幼儿养成良好午睡习惯和独立午睡能力,为幼儿创建舒适且安全的睡眠环境,以保证幼儿充足的睡眠时间,提高幼儿睡眠质量,促进幼儿健康生长。

任务一 幼儿睡眠前照护

幼儿睡眠前照护

 学习目标

知识目标	技能目标	素养目标
熟知睡眠环境的基本要求,幼儿睡眠保育的任务、职责及其对幼儿健康成长的重要价值	1. 能合理布置幼儿睡眠环境,组织幼儿睡前活动,说出充足的睡眠对幼儿生长发育的重要意义。 2. 能小组合作模拟进行睡眠前准备和睡眠后整理的规范操作	1. 能小组合作模拟进行与睡眠特殊幼儿家长的沟通交流,以争取家园合作。 2. 能与他人合作并进行有效沟通,积极参加睡眠保育的学习活动,提高睡眠保育相关操作的效率及其知识学习的广度和深度

 情境导入

今天是佳佳在幼儿园午睡的第一天,中午的睡眠可以帮助她放松身心,恢复体能和精力,为下午展开的各项活动做准备。保教老师应该高度重视睡眠前准备工作,作为一个幼儿保教人员应从哪几个方面做好幼儿午睡前的保育工作呢?

知识储备

幼儿的身体耐受性差、易疲劳,通过午睡可以使他们的一日生活动静交替,满足他们基本的生理需要,修复消耗,保护神经系统,促进幼儿的生长发育,确保其身心健康发展。

幼儿一天应有13个小时左右的睡眠时间,需将在家的晚间睡眠与在园的午睡结合在一起,使幼儿能有充足的睡眠。

在午睡环节,幼儿可以学习独立入睡以及午睡前后的穿脱整理,满足其手眼协调、精细动作发展的需要,为其生活自理能力的养成提供锻炼机会,从而养成良好的睡眠习惯。

幼儿和教师、同伴积极互动,感受集体的温暖。

一、幼儿午睡前保育工作内容

(一) 教师

(1) 组织幼儿睡前活动,稳定幼儿情绪。
(2) 提醒幼儿睡前如厕。
(3) 营造安静、舒适、愉快的午睡氛围。
(4) 提醒、协助幼儿做好睡前整理。
(5) 进行幼儿睡前安全检查。

(二) 保育员

(1) 准备整洁、舒适、安全、卫生的睡眠环境(床铺、空气、温度、光线等)。
(2) 营造安静、舒适、愉快的午睡氛围。
(3) 提醒、协助幼儿做好睡前整理。
(4) 进行幼儿睡前的安全检查。

二、幼儿午睡前的行为准备

小班	1. 愿意在幼儿园午睡。 2. 学会入睡前脱掉衣物、鞋袜,并摆放到指定位置。 3. 知道保持睡前安静,保持情绪稳定

续表

中班	1. 喜欢在幼儿园午睡，能独立入睡。 2. 能睡前如厕。 3. 能正确脱掉衣物、鞋袜，并放置在指定位置。 4. 能保持安静，情绪稳定，不影响他人
大班	1. 知道午睡对身体的好处，养成按时、独立入睡的习惯。 2. 能根据自己需要睡前如厕。 3. 能熟练脱掉衣物、鞋袜，并将其整齐地摆放在指定位置。 4. 能自觉保持安静，情绪愉快、稳定地入睡

三、入睡前工作操作规范

（1）为幼儿准备好睡眠所需的床铺和被子。在冬季，将托班、小班幼儿的被子打开，以便幼儿进入被窝，防止受凉。

（2）组织适宜的睡前活动，提醒幼儿睡前排便，指导幼儿安静地进入卧室，并按顺序脱掉衣服、袜子，将其叠放整齐，并提醒幼儿不带玩具上床。

（3）根据幼儿情况合理安排床位，全体幼儿要头脚交叉睡，不能头对头或并排睡，防止交叉感染。

任务实施

一、实施要求

（1）门窗：打开门窗通风，保持空气流通（包括使用空调时）。

（2）铺床：为幼儿准备好睡眠所需的床铺和被子，使铺位舒适，被子清洁柔软、厚薄适宜。将托班、小班幼儿的被子掀开成90°的角，方便幼儿钻进被窝，避免着凉。

（3）床位：安排床位时，卧室内床头的间距应为0.5 m左右，两排床的间距应为0.9 m左右。

（4）窗帘：在幼儿进入卧室脱衣前将窗关上，拉上窗帘。卧室内光线要柔和，使用的窗帘应当具有一定的遮光性，不宜使用材质透明、遮光性较差的纱帘，也不宜使用过厚的窗帘，以免保教人员巡视时因光线过暗而无法看清幼儿的睡眠状况。

（5）室温：调节室温和湿度，合理使用空调，按室温要求提前开启空调。冬季卧室温度在12 ℃以下时开暖气，使室温保持在14~18 ℃，教师应经常观察室温，室温过高或过低时都应及时调整空调温度；夏天卧室温度高于28 ℃时开冷气，使室温保持在27 ℃左右，教师要随时观察室温，调整空调温度并注意风向（避免直吹）；理想的卧室湿度为50%~60%。

（6）体弱的幼儿应安排在背风处。体质较好、怕热的幼儿可安排在通风处（但不能吹过堂风）。易尿床和活泼好动、爱说话的幼儿可安排在便于保育员照顾和管理的地方。咳嗽的幼儿最好与其他幼儿保持一定的距离。全体幼儿头脚交叉睡。

二、实施条件

(1) 创设良好的睡眠环境：整洁、舒适（包括卧具、色彩、温度、空气、光线、声音等方面）、安全，保持室内空气流通和温度适宜，掌握好开窗和关窗的时间。

(2) 保证幼儿有充足的睡眠时间：午睡一般为2～3小时。

(3) 保证幼儿有愉快的心情：睡前不训斥，可以对幼儿进行抚触、关爱，但不能让其过于兴奋。

(4) 睡前的饮食、运动适量：不暴饮暴食，不剧烈运动，重点观察幼儿睡前是否如厕，进入卧室时是否保持安静，身上是否携带不安全的物品，脱衣服顺序是否正确，物品摆放是否整齐。

三、实施评价

幼儿睡前照护实训评价表

评分项目	评分标准或要求	分值	评价方式 自评 权重 20%	观察员评 权重 30%	师评 权重 50%	得分
1. 流程完成度	保育员入睡前保育工作的流程完整程度	20分				
2. 操作规范	(1) 准备整洁、舒适、安全、卫生的睡眠环境（床铺、空气、温度、光线等）； (2) 营造安静、舒适、愉快的午睡氛围； (3) 提醒、协助幼儿做好睡前整理； (4) 进行幼儿睡前的安全检查	20分				
3. 团队合作	(1) 小组分工明确； (2) 应对过程配合密切	20分				
4. 有效沟通	(1) 给予幼儿关心和安慰； (2) 表达简洁流畅，用语文明礼貌	20分				
5. 人文关怀	(1) 语气、表情、肢体动作等温和有礼； (2) 在活动过程中能发现幼儿的不适，能敏锐发现安全隐患	10分				
6. 反思与收获	能通过在活动中的操作分析总结出经验与不足	10分				
综合模拟实训总分		100分	小组总得分			

知识测试

1. 睡眠的初级保育要求是（　　）。
A. 睡眠环境　　　　　　　　　　　B. 铺床
C. 睡眠时窗户"两开两关"　　　　　D. 加强巡视

2. 卧具清洁保管的初级要求是（　　）。
A. 被子的晒和清洗　　　　　　　　B. 更换床上用品
C. 卧具贮藏方式　　　　　　　　　D. 贮藏室条件

3. 午睡时间到了，小二班的张老师正在组织午睡前的活动，下列（　　）活动适合睡前进行。
A. 请幼儿听情节舒缓的故事　　　　B. 带幼儿出去散步
C. 带幼儿进行户外游戏　　　　　　D. 带领幼儿听轻柔的音乐

参考答案：1. A；2. A；3. ABD。

任务二　幼儿睡眠中照护

幼儿睡眠中照护

 学习目标

知识目标	技能目标	素养目标
熟知睡眠环境的基本要求，幼儿睡眠保育的任务、职责。全面关注幼儿的睡眠情况	细心观察幼儿身心状况，幼儿的年龄特点，及时应对异常情况	1. 能小组合作模拟进行与睡眠特殊幼儿家长的沟通交流，以争取家园合作。2. 能与他人合作并进行有效沟通，积极参加睡眠保育的学习活动，提高睡眠保育相关操作的效率及其知识学习的广度和深度

 知识储备

幼儿午睡似乎是保教老师最省心的一段时间。其实不然，在长达2.5小时左右的午睡时间内潜藏着很多保教工作，如幼儿穿脱衣服的方法和睡姿等需要保教老师指导；独立睡眠困难以及难以入睡的幼儿需要保教老师安抚；睡眠尿床幼儿、惊哭幼儿、易出汗幼儿、蹬掉被子幼儿等需要保教老师照顾；幼儿睡眠时的一些安全隐患需要保教老师去排除；心中有他人，不影响他人的社会道德规范需要保教老师帮助建立等。

一、基本工作要点

（1）全面关注幼儿的睡眠情况，至少每15分钟巡视一次。

（2）巡视的时候，要做到以下五点。

①"听"：听幼儿的呼吸声是否正常。

②"看"：看幼儿的脸色、神态有无异常。

③"摸"：摸幼儿的额头，确定有无发烧现象；摸后背有无出汗；摸床铺是否尿湿。

④"做"：用轻柔的语言、温柔的动作，帮助幼儿保持正确的睡姿，为蹬被子的幼儿盖好被子，轻声提醒并照顾易尿床的幼儿起床如厕；注意不能让幼儿蒙头睡，以免其因呼吸不畅而发生窒息。

⑤"不"：照看幼儿午睡时，注意力要集中，动作要轻，说话要轻声，做到不离岗、不做私事、不会客、不吃零食、不睡觉。

（3）建立午睡巡视制度：全面观察幼儿的午睡情况，细心检查幼儿是否有异常情况发生，对午睡过程中存在的各种异常情况能合理应对，并做好详细记录。离园时，及时向家长反馈幼儿的午睡情况，提醒家长多加关注。

二、幼儿午睡中保育工作内容

（一）教师

（1）根据幼儿特点，培养幼儿独立睡眠能力与良好睡眠习惯。

（2）细心观察幼儿身心状况，及时应对异常情况。

（3）根据幼儿的年龄特点，组织并指导幼儿做好起床整理。

（二）保育员

（1）根据幼儿的年龄特点，培养幼儿的独立睡眠能力与良好的睡眠习惯。

（2）细心观察幼儿身心状况，及时应对异常情况。

（3）根据幼儿的年龄特点，组织并指导幼儿做好起床整理。

（4）做好幼儿卧室的清洁整理工作。

三、幼儿午睡中的行为准备

小班	1. 在教师的帮助下盖好被子，懂得用正确的睡姿入睡。 2. 懂得有便意、身体不适或有需要时向保教老师寻求帮助。 3. 懂得在午睡时间保持安静。 4. 能够按时起床，并能在保教老师的帮助下穿好衣服、鞋袜，懂得有序喝水、如厕。

续表

中班	1. 能盖好被子,并能保持正确的睡姿入睡。 2. 在有便意、身体不适或有需要时能及时向保教老师寻求帮助。 3. 在午睡时间保持安静,睡醒后不影响同伴。 4. 能按时起床,穿好衣服、鞋袜,并能有序喝水、如厕。 5. 能在保教老师的指导下学习自己整理床铺
大班	1. 能盖好被子,避免着凉,睡觉时能保持正确睡姿。 2. 在有便意、身体不适、有需要或发现同伴有异常情况时,能及时向保教老师寻求帮助。 3. 午睡时间能保持安静,不影响同伴。 4. 能及时起床,穿好衣服、鞋袜,并能根据自己的需要有序喝水、如厕。 5. 能够自己整理床铺

 任务实施

一、实施要求

(1) 培养幼儿良好的睡眠习惯与独立睡眠能力。

(2) 指导幼儿穿脱衣服。

(3) 睡眠特殊幼儿保育。

二、实施条件

环境准备	环境干净、整洁、安全、温湿度适宜
设备准备	幼儿睡床
物品准备	签字笔、记录本
人员准备	照护者着装整齐,洗手,具备幼儿睡眠照护的相关知识

三、实施步骤

1. 评估

(1) 幼儿:情绪状态、心理状态。

(2) 环境:环境干净、舒适、温湿度适宜。

(3) 照护者:着装干净、整齐。

(4) 物品：记录本、签字笔等。

2. 计划

(1) 幼儿睡前情绪稳定。

(2) 照护者为幼儿午睡做好准备。

四、实施评价

幼儿睡中照护实训评价表

评分项目	评分标准或要求	分值	评价方式			得分
			自评 权重 20%	观察员评 权重 30%	师评 权重 50%	
1. 流程完成度	保育员在幼儿睡中保育工作的流程完整程度	20分				
2. 操作规范	(1) 根据幼儿的年龄特点，培养幼儿的独立睡眠能力与良好的睡眠习惯； (2) 细心观察幼儿身心状况，及时应对异常情况； (3) 根据幼儿的年龄特点，组织并指导幼儿做好起床整理； (4) 做好幼儿卧室的清洁整理工作	20分				
3. 团队合作	(1) 小组分工明确； (2) 应对过程配合密切	20分				
4. 有效沟通	(1) 给予幼儿关心和安慰； (2) 表达简洁、流畅，用语文明礼貌	20分				
5. 人文关怀	(1) 语气、表情、肢体动作等温和有礼； (2) 在活动过程中能发现幼儿的不适，能敏锐发现安全隐患	10分				
6. 反思与收获	能通过在活动中的操作分析总结出经验与不足	10分				
综合模拟实训总分		100分	小组总得分			

知识拓展

幼儿睡眠习惯与能力的培养方法

1. 培养幼儿独自入睡的习惯：刚入园的幼儿由于离开家人陪伴，常会出现睡眠问题，这是因为他们首次在一个陌生环境睡觉，内心异常焦虑，需要一个适应过程。对于入睡困难的幼儿，保教老师应有耐心，慢慢培养他们独立入睡的习惯。保教老师可以坐在幼儿床边，轻拍幼儿，陪伴幼儿入睡，使他们对新环境产生安全感，也可以让幼儿将家中的小被子或毛绒玩具带到幼儿园陪其入睡。当幼儿适应环境后，可逐渐减少陪伴的次数，尝试拿掉陪伴幼儿的被子或玩具，让幼儿学会独立入睡。

2. 保持安静：要求幼儿养成在睡前、睡后能保持安静，不影响身边其他幼儿的习惯，特别对于早醒的幼儿，要提醒其醒后保持安静。

3. 归置衣物：提醒幼儿将脱下的衣服放在指定位置，摆放好小鞋子。

4. 教会幼儿理解、会说有关睡眠的词和句子。

5. 关注幼儿正确的睡姿：不能让幼儿俯卧、趴卧、蒙头睡，提醒幼儿侧卧或仰卧入睡。

6. 培养幼儿穿脱衣服和鞋袜的能力：保教老师可以根据幼儿的年龄特点，采用具体形象的方法，逐渐培养幼儿独立穿脱衣服和鞋袜的能力。

幼儿穿脱衣的小窍门

保教老师可以利用儿歌激发幼儿穿脱衣服的兴趣。

《穿衣歌》

抓领手，盖房子，小老鼠，出洞子，吱溜吱溜上房子。

《叠衣歌》

关关门，关关门，抱抱臂，抱抱臂，弯弯腰，弯弯腰，我的衣服叠好了。

《脱裤歌》

双手抓紧小裤腰，把它脱到膝盖下，再用小手拉裤脚，最后还要摆摆好。

通过这些儿歌，幼儿能更有兴趣地边说儿歌边穿脱，逐步学会穿脱衣服。同时，保教老师还要争取家长的配合，做到家园同步，不要让幼儿产生依赖心理，只有这样才能达到理想的效果。

睡眠特殊幼儿的保育方法

1. 不能独立入睡的幼儿

典型表现：环境变化导致幼儿兴奋，难以入睡；不能独立入睡，需要陪睡或哄睡。

对策：①保教老师可扮演家长，轻拍幼儿，使其情绪放松，对新环境产生安全感，逐渐减少陪伴次数，培养幼儿独立入睡的能力；②对于依恋度较高的幼儿，可以让其带一张家长照片，让他获得心理安慰；③对于分离焦虑严重的幼儿，保教老师要与家长协商，让幼儿午饭后回家睡觉，从半日入园逐渐过渡到全天入园；④如幼儿精力旺盛，不必强求入睡，以免使其产生心理负担。

2. 有午睡焦虑症的幼儿

典型表现：害怕丢鞋袜、衣物，担心尿床，担心会有恐怖的事情发生而难以入睡。

对策:①保教老师可扮演家长,关注和亲近易焦虑的幼儿;②对于害怕丢失鞋袜的幼儿,可以采用做游戏的办法让他们给袜子找一个固定的位置;③对于担心尿床的幼儿,一方面可有针对性地提醒幼儿上床前排尿,另一方面可告知幼儿,老师会帮忙检查,让他放心入睡,巡查时重点关注这类幼儿,及时提醒;④对于担心发生恐怖事情的幼儿,保教老师要给予更多的情感关注,避免把该幼儿的床位安排在角落或者光线过暗的地方,告知幼儿并使其相信老师一直在,增强他们的安全感。

3. 患有"安慰物"症的幼儿

典型表现:幼儿午睡时要抱着如布娃娃和毛巾之类的东西才能入睡。

对策:①可以允许幼儿继续抱睡,待适应环境后,再采用鼓励和转移注意力的方法,帮其戒掉对这些物品的依赖;②对于在一定时间内情况有好转的幼儿,保教老师应和家长联系,同家长一起表扬鼓励,帮助幼儿巩固好习惯。

4. 睡姿不正确的幼儿

典型表现:幼儿采用趴睡、跪睡、蒙头睡等不良睡姿。

对策:①保教老师要同幼儿和家长讲解正确睡姿对身体的益处和不正确睡姿对身体的影响;②多鼓励和监督幼儿采用正确的睡姿;③家园配合,指导幼儿采用正确的睡姿入睡。

知识测试

1. 在生活活动中,保育员除要培养幼儿良好的生活习惯及生活能力外,还必须在(　　)等生活活动中培养他们理解、学会有关的语言。

　　A. 睡眠、进餐　　　　　　　　B. 排便
　　C. 穿衣、盥洗　　　　　　　　D. 以上都是

2. 以下关于培养幼儿良好睡眠习惯和有关能力的说法,错误的是(　　)。

　　A. 睡前、睡醒后保持安静　　　　B. 学习叠被子
　　C. 自动入睡　　　　　　　　　　D. 学说有关的词和句子

3. 睡觉时发现幼儿尿床后,保育员应该(　　)。

　　A. 训斥　　　　　　　　　　　　B. 让幼儿接着睡
　　C. 换上干净衣裤并安抚　　　　　D. 大声责怪

4. 保育员预防幼儿遗尿的方法有(　　)。

　　A. 睡前及时提醒小便　　　　　　B. 睡前提醒不要尿床
　　C. 不喝水　　　　　　　　　　　D. 不喝汤

参考答案:1. D;2. D;3. C;4. A。

项目四　幼儿如厕照护

```
项目四 幼儿如厕照护 ─┬─ 任务一 幼儿如厕前照护
                   └─ 任务二 幼儿如厕中照护
```

 项目描述

幼儿期是儿童成长发展的重要阶段,建立正确的如厕习惯对他们的全面发展至关重要。通过教育幼儿养成正确的如厕习惯,如及时上厕所、正确擦拭、洗手等,可以预防尿布湿疹、感染和其他与不良卫生习惯相关的健康问题。此外,帮助幼儿认识身体部位,了解排泄的过程和重要性,有助于培养他们的自我认知和自理能力。

指导、鼓励和奖励能够增强幼儿的积极性和自信心。与幼儿一起创造愉快的如厕经验,有助于幼儿建立良好的如厕习惯,为他们健康成长打下坚实基础。

任务一　幼儿如厕前照护

幼儿如厕前照护

 学习目标

认知目标	能力目标	素养目标
1. 熟知幼儿如厕前的表现。 2. 知道幼儿如厕前照护的工作任务及重要性	1. 能够规范科学地进行幼儿如厕前照护。 2. 正确引导幼儿养成定期如厕的良好习惯	在照护过程中关心和爱护幼儿

 情境导入

某幼儿园小班的孩子正在玩游戏,红红突然就停下来,面部潮红、两眼直视、发出"嗯"声,身体抽动,如果你是保育员,应该如何正确处理红红的情况?

知识储备

一、幼儿如厕前的表现

幼儿如厕前经常会发出一些信号,如排尿前可能会打尿颤,玩耍时突然发呆,睡梦中突然扭动身体,排便前面部潮红、身体抽动等,当保育员接收到这些信号时,应及时回应。若未及时回应,将会影响幼儿以后信号的发送,不利于大小便规律的训练。

二、幼儿如厕前保育员的工作任务

(1) 提醒幼儿:提醒幼儿及时上厕所,尤其是在他们出现踮脚尖、握住小腹或蹀步等如厕征兆时。

(2) 陪伴幼儿:陪伴幼儿到厕所,并在旁边给予适当的指导和鼓励。对于年龄较小的幼儿,保育员可能需要帮助其脱下裤子和内裤。

(3) 确认用具:确保幼儿使用合适大小和高度的马桶或小便器,以便他们能够安全舒适地使用。

(4) 尊重隐私:给予幼儿一定的隐私空间,在如厕过程中不要过多干涉,但保持适当的观察,确保幼儿的安全。

(5) 鼓励自理:鼓励幼儿独立完成如厕过程,例如擦拭自己、洗手等,培养他们的自理能力。

(6) 积极肯定:对于幼儿的积极尝试和正确行为,及时给肯定和奖励,鼓励他们养成良好的如厕习惯。

(7) 保持耐心:理解幼儿在学习如厕过程中可能遇到的困难和恐惧,保持耐心和理解,给予支持和鼓励。

三、如厕前需要注意

选择卫生间	要尊重异性,不能随意进出异性的卫生间
使用正确的马桶	选择幼儿专用的马桶或小便器
随手冲水	在结束如厕后,养成随手冲水的好习惯
便后洗手	养成如厕后洗手的好习惯,避免细菌感染

知识拓展

为什么需要如厕?

小朋友们,让我们来一起了解一些关于上厕所的有趣知识吧!当我们吃东西时,身体会把好东西吸收,变成我们需要的营养,而剩下的废物就要离开我们的身体了。这些废物会进入一个叫作膀胱的地方,就像是一个小储物箱。当膀胱里的废物越来越多,我们就会感觉到需要去上厕所。

上厕所就是身体帮助我们把这些废物排出体外的过程,就像是大扫除一样。我们要记得及时上厕所,把废物排出去,这样我们的身体就会很健康哦!而且,上完厕所后,要记得用肥皂洗洗手,这样可以防止细菌传播,让我们更加健康快乐地成长。

小朋友们,一起养成好习惯,保护自己和小伙伴的健康吧!

 任务实施

一、实施条件

环境准备	幼儿专用卫生间
设备准备	合适大小的如厕设备
物品准备	手纸、湿纸巾或者保湿纸巾
人员准备	照护者着装整齐、洗手、剪指甲

二、实施步骤

(一)评估

(1)环境:幼儿专用卫生间,无危险物品。

(2) 人员：照护者应确保自己的着装整齐干净，特别是要洗手并剪指甲，以确保在模拟过程中的卫生标准。

(3) 物品：手纸、湿纸巾或者保湿纸巾。

（二）计划

幼儿独立完成如厕。

（三）实施

1. 引导幼儿

首先，耐心地向幼儿解释模拟如厕的目的，让他们知道这是一个学习和练习的机会。

鼓励幼儿按照平常如厕的步骤来进行模拟，例如先问候"我要上厕所"，然后坐到如厕设备上或使用小便器。

帮助幼儿正确擦拭自己，这里可以使用湿纸巾或保湿纸巾，教导他们从前往后擦拭。

鼓励幼儿在如厕后洗手，让他们用肥皂洗手，教导幼儿正确洗手的步骤。

2. 肯定和奖励

对于幼儿的积极尝试和正确行为，要给予及时的肯定和奖励，鼓励他们养成良好的如厕习惯。

（四）评价

(1) 独立程度：评估幼儿在模拟如厕时的独立程度。能否按照步骤正确地进行如厕，包括是否询问上厕所、坐到如厕设备上或使用小便器等。独立完成如厕是培养幼儿自理能力的重要一步。

(2) 卫生习惯：检查幼儿在模拟如厕后是否正确擦拭自己，并使用湿纸巾或保湿纸巾从前到后进行擦拭。正确的擦拭习惯有助于预防感染和维护个人卫生。

(3) 洗手能力：观察幼儿是否在如厕后正确地洗手，包括用肥皂洗手，并按照正确的洗手步骤进行操作。洗手是预防疾病传播的重要步骤，需要督促幼儿养成良好的洗手习惯。

(4) 积极性和合作性：评估幼儿在整个实施过程中的积极性和合作性，是否愿意参与模拟如厕的活动，是否能够理解和按照照护者的指导进行操作。

 知识测试

1. 每次上完厕所后，我们应该做什么？（　　）
   A. 立刻离开厕所　　B. 冲洗马桶　　C. 不用洗手　　D. 把水龙头开大

2. 如厕时，我们应该选择正确的姿势，正确的姿势是什么？（　　）
   A. 用手扶着马桶边缘　　　　　　B. 将脚踩在马桶上
   C. 用手直接接触马桶座椅　　　　D. 用手扶着墙壁

3. 上厕所的时候，如果遇到卫生纸用完的情况，我们应该怎么办？（　　）
   A. 不擦拭，直接穿好裤子离开　　　　B. 大声喊叫，让别人帮忙

C. 轻轻敲门,向其他人借纸　　　　　　D. 直接用手擦拭

参考答案

1. 答案:B。

解析:上完厕所后,应该冲洗马桶,确保马桶干净卫生,让下一个人使用时也感到舒适。

2. 答案:C。

解析:正确的姿势是用手直接接触马桶座椅。不要将脚踩在马桶上,也不要用手扶着马桶边缘或墙壁。如厕后一定要洗手,这样可以帮助我们保持干净和健康。记住用肥皂和水洗手哦!

3. 答案:C。

解析:如果遇到卫生纸用完的情况,应该轻轻敲门向其他人借纸,然后擦拭干净再离开厕所,保持卫生和礼貌。

任务二　幼儿如厕后照护

幼儿如厕中照护

学习目标

认知目标	能力目标	素养目标
1. 能说出幼儿如厕后清洁的作用。 2. 能识别幼儿如厕前后的表现	1. 能帮助及引导幼儿进行如厕后的清洁。 2. 能引导幼儿培养自我认知和自理能力	在照护过程中关心和爱护幼儿

情境导入

小明是个男孩,3岁,每次上完厕所都不擦拭私处,也不洗手,直接提裤子,天天表现得焦虑紧张,越来越胆小,敏感。如果你是照护者,应该如何帮助小明养成如厕后正确清洁的好习惯?

知识储备

一、如厕后清洁的作用

幼儿的皮肤比较稚嫩,适应外界能力差,易发生感染,幼儿如厕后对皮肤进行清洁,从生理上可促

进会阴部和臀部的血液循环,维持皮肤的健康状态,从心理上可使幼儿感觉清洁、舒适,保持良好的情绪。

二、大小便刺激对皮肤的影响

幼儿会阴部或臀部的皮肤受到大小便等物质的刺激后,会变得潮湿,出现软化和酸碱度的改变,造成表皮角质层的保护能力下降,使皮肤的屏障作用减弱,皮肤易破损并继发感染,严重者可能出现败血症。此外,皮肤潮湿后还会增加摩擦力,进一步加重皮肤损伤。

三、帮助幼儿正确实施如厕后清洁

照护者在幼儿如厕后帮助幼儿用卫生纸清洁尿道口残余尿液,大便后用卫生纸或者湿巾纸帮助幼儿擦拭臀部,并用温水清洁,保持局部皮肤的清洁,预防泌尿系统感染,清洁时应避免使用肥皂或者含乙醇的清洁用品,以免导致皮肤干燥或残留碱性物,并在清洗后涂护臀霜等润肤品保持皮肤湿润,让幼儿感到自然舒适。

四、如厕后需要注意什么

(1)洗手:强调幼儿在如厕后及时洗手,用肥皂和流水洗手至少20秒。这是预防细菌和病毒传播的基本措施,有助于保持幼儿的健康和卫生。

(2)卫生习惯:帮助幼儿养成良好的卫生习惯,包括在如厕后正确使用厕纸,并正确擦拭。女孩应注意从前往后擦拭,以避免细菌进入尿道。

(3)使用干净的厕所:确保幼儿使用干净卫生的厕所,以减少感染的风险。在公共场所使用厕所时,最好在座圈上放一次性卫生纸或使用防护垫。

(4)培养定期如厕习惯:建立固定的如厕时间,培养幼儿定期如厕的习惯,有助于维持肠道规律,避免便秘等问题。

(5)注意尿布更换:如果幼儿还在使用尿布,及时更换尿布对于维持尿道和肛门卫生非常重要。长时间穿戴脏尿布可能导致皮肤疼痛和尿布疹。

(6)教育卫生知识:对于年龄较大的幼儿,可以逐步教育他们有关卫生的重要性和正确的如厕方法,使他们能够在适当的年龄阶段独立去卫生间。

(7)观察异常:注意观察幼儿如厕后是否出现异常情况,如尿频、尿急、尿痛等。如果发现异常,应及时咨询医生。

五、如厕后保育员的防护工作内容

(1)卫生消毒:幼儿如厕后,保育员需要确保厕所的卫生和清洁。及时清理并消毒马桶和洗手池,以防止细菌传播。

(2)洗手指导:保育员需要引导幼儿正确洗手,确保他们使用肥皂和流动水洗手,彻底清洁双手。

（3）协助幼儿：对于年龄较小的幼儿，保育员可能需要协助他们上厕所，确保他们安全和顺利地完成如厕过程。

（4）督促养成习惯：保育员可以督促幼儿养成如厕后洗手的好习惯，鼓励他们养成独立上厕所和自主洗手的能力。

（5）体察幼儿健康：保育员需要留意幼儿是否出现身体不适的症状，如尿急、腹痛等，及时安排幼儿去如厕，保障他们的健康。

（6）与家长沟通：保育员可以与家长沟通幼儿在如厕后的情况，共同关注幼儿的卫生习惯，并加强家园合作，让幼儿在家和幼儿园都养成良好的如厕习惯。

知识拓展

如厕后为什么需要洗手？

当我们如厕时，身体会排出一种叫作尿液的东西，它是我们身体不需要的废物。而在厕所里有很多细菌，这些细菌是肉眼看不见的，但它们可能会黏在我们的手上。

当我们不洗手的时候，这些细菌可能会在我们的手上停留，接着我们会触摸其他的东西，比如玩具、食物等。如果我们带着细菌去碰这些东西，就有可能把细菌传染给我们的朋友或家人。

可是，当我们用肥皂和水洗手时，肥皂会帮助我们把细菌和脏东西都冲走，从而让我们的手变得干净。这样，我们就不会把细菌传染给其他人，也能保护自己的健康哦！

所以，每当你上完厕所后，一定要记得用肥皂和水好好洗手，这是保持我们身体健康的小小秘诀！让我们一起养成洗手的好习惯吧！

任务实施

一、实施条件

设备准备	洗手台
物品准备	专用手纸、洗手液、湿纸巾
人员准备	照护者着装整齐、洗手、剪指甲

二、实施步骤

（一）评估

（1）环境：幼儿专用卫生间、洗手台、无危险物品。

(2) 人员：照护者应确保自己的着装整齐干净，特别是洗手并剪指甲，以确保在模拟过程中的卫生标准。

(3) 物品：专用手纸、湿纸巾或保湿纸巾、洗手液。

（二）计划

幼儿独立完成如厕后的卫生清洁。

（三）实施

1. 步骤一：提供必要物品

在洗手台上放置专用手纸或湿纸巾、洗手液，并确保这些物品都是干净卫生的，以供幼儿使用。

2. 步骤二：引导幼儿擦拭

鼓励幼儿在完成如厕后，使用专用手纸、湿纸巾或保湿纸巾，从前往后正确擦拭私密部位，以防止细菌传播。督促幼儿反复擦拭，直至干净为止。

3. 步骤三：洗手

引导幼儿站到洗手台前，打开水龙头，适度调整水温，并用洗手液彻底洗手。

教导幼儿正确洗手的步骤，包括涂抹洗手液、揉搓双手、洗净指缝和手背等，持续洗手约20秒钟。

帮助幼儿用流水彻底冲洗双手，确保洗掉所有洗手液和污垢。

4. 步骤四：独立完成

鼓励幼儿在实施过程中独立完成擦拭和洗手的步骤。

如有需要，可以适时给予必要的指导和帮助，但要鼓励幼儿逐渐培养自理能力。

（四）评价

(1) 卫生习惯：评估幼儿在如厕后擦拭私密部位的卫生习惯。是否能够正确使用专用手纸、湿纸巾或保湿纸巾，并按正确的方向擦拭。

(2) 洗手能力：观察幼儿在洗手时的表现。是否能独立完成洗手的步骤，包括使用洗手液、揉搓双手、洗净指缝和手背等。

(3) 独立程度：评估幼儿在整个卫生清洁过程中的独立程度。能否在照护者的引导下独立完成如厕后的卫生清洁。

(4) 自理能力：根据评价结果，鼓励幼儿逐渐培养自理能力，特别是在如厕后的卫生清洁方面。

 知识测试

1. 小明上完厕所后，应该怎么做？（　　）

 A. 不需要洗手，直接去玩耍   B. 拍拍手就可以了

 C. 用肥皂和流动水认真洗手   D. 把手擦干后就可以了

2. 洗手的好处是什么？（　　）

A. 只是一种无关紧要的习惯　　　　　　B. 让双手感觉舒服

C. 能让我们的双手变得干净　　　　　　D. 让洗手台保持整洁

3. 小花在幼儿园上完厕所后,发现洗手台没有肥皂。她应该怎么办?(　　)

A. 不洗手,直接回到座位　　　　　　　B. 向保育员报告没有肥皂的情况

C. 用水洗手,不用肥皂　　　　　　　　D. 找其他小朋友借肥皂用

参考答案

1. 答案:C。

解析:上完厕所后,小明应该用肥皂和流动水认真洗手。这样可以去除细菌,保护自己和他人的健康。

2. 答案:C。

解析:洗手的好处是能让我们的双手变得干净,并可以清除细菌。

3. 答案:B。

解析:向保育员报告没有肥皂的情况后,保育员可以及时把新肥皂放在洗漱台,也方便其他小朋友洗手。

项目五　幼儿盥洗照护

```
                    ┌── 任务一　幼儿盥洗前照护
项目五　幼儿盥洗照护 ┤
                    └── 任务二　幼儿盥洗中照护
```

　项目描述

盥洗照护是幼儿在幼儿园一日生活中的一个重要环节，通过盥洗活动让幼儿了解盥洗的重要性，维护身体健康和提高个人卫生意识，养成良好的盥洗习惯有助于培养幼儿的自我照顾能力，促进幼儿身心健康的全面发展。同时盥洗也是保障幼儿身体健康的第一道防线。生活即教育，在一日生活中培养幼儿良好的习惯，不仅有利于幼儿身体健康，而且还能提高幼儿的生活自理能力，帮助幼儿健康全面地成长。

本项目重点学习幼儿盥洗前、盥洗中的照护。

任务一　幼儿盥洗前照护

幼儿盥洗前照护

　学习目标

知识目标	技能目标	素养目标
1. 熟知幼儿盥洗的内容及操作常规要求。 2. 能说出盥洗中存在的问题	能按照规范要求帮助和指导幼儿正确地进行盥洗	1. 在活动操作中能关心呵护幼儿。 2. 具有基本的爱心、耐心以及责任心

　情境导入

在某幼儿园，晨晨小朋友在午睡起床后准备吃点心，照护者看到后走到他身边，问道："晨晨，为什么不去洗手呢?"晨晨回答说:"我才睡觉起床,我的手没有摸、碰脏东西,我的手很干净呀!"

晨晨这样的想法对吗?作为照护者应该如何去引导幼儿认识洗手的重要性?

 知识储备

盥洗前,教师、保育员针对盥洗环节,准备有不同的工作要点和内容,幼儿也有自己需要完成的内容。

一、盥洗前工作要点

(1) 为幼儿创设安全、卫生的盥洗环境。
(2) 学习用"七步洗手法"正确洗手(内、外、夹、弓、大、立、腕),知道正确盥洗对身体健康的意义。
(3) 养成幼儿认真、轮流有序洗手的良好习惯。
(4) 知道洗手的好处,饭前、便后、手脏时能及时洗手。
(5) 养成洗手时不玩水、不打湿衣袖、节约用水的好习惯。

二、盥洗前工作内容

(一) 教师

(1) 照护者能根据幼儿的年龄结合实际情况,提出盥洗的安全及常规要求。向幼儿讲清楚道理,并让幼儿懂得盥洗活动中存在的安全隐患。
(2) 帮助幼儿理解及时正确盥洗对身体健康的好处,培养幼儿关注自己身体健康的意识。
(3) 根据幼儿年龄定制盥洗公约,巧用生活小标识,并引导幼儿自觉遵守。分组进行盥洗(每组人数与水龙头数一致),避免人多拥挤。

(二) 保育员

(1) 对盥洗室区域洗手池等地方,进行清洁消毒(需配置1∶10的清洁剂溶液),创设干燥、防滑、安全、卫生、舒适、整洁的盥洗环境。
(2) 提前准备好便于幼儿取放、数量充足的盥洗用品(毛巾、洗手液、肥皂、护肤品),冬季调整好水温。
(3) 协助教师组织幼儿盥洗,避免拥挤,保证幼儿的安全。
(4) 帮助和指导幼儿洗手。

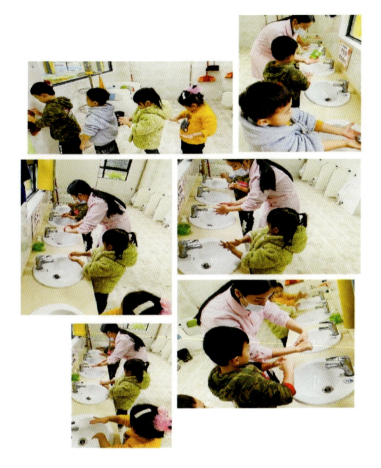

三、幼儿盥洗前行为要求

小班	1. 知道及时、正确盥洗对身体的好处。 2. 在保教老师的提醒下,知道安全、卫生、正确盥洗的基本要求,知道不能浪费水。 3. 在老师的照看下保持安静,不追逐打闹
中班	1. 知道及时、正确盥洗对身体健康的意义。 2. 在无保教老师的提醒下,知道安全、卫生、正确盥洗的基本要求,懂得节约用水。 3. 在老师的照看下保持安静,不追逐打闹。 4. 初步养成排队盥洗的习惯
大班	1. 知道及时、正确盥洗与身体健康的关系。 2. 熟知安全、卫生、正确盥洗的基本要求,并具有节约用水的意识,能协助保教老师做好盥洗前的准备。 3. 在无老师的照看下保持安静,不追逐打闹。 4. 养成自觉排队盥洗的习惯

四、幼儿盥洗前准备的注意事项

(1) 保教老师需要将擦手的毛巾就近放在水龙头旁边,每1~2个水龙头配置一组消毒毛巾,便于幼儿洗手后能及时擦干小手。

(2) 洗手液摆放的位置要便于幼儿按压,喷嘴的方向(对准幼儿身体方向)要便于幼儿使用。

(3) 盥洗室清洁消毒的顺序:清洁区→半污染区→污染区。

(4) 让幼儿养成节约用水、珍惜水资源的好习惯。

知识拓展

《七步洗手歌》
两个好朋友,手碰手。
你背背我,我背背你。
来了一只小螃蟹、小螃蟹。
举起两只大钳子、大钳子。
我和螃蟹点点头、点点头。
螃蟹跟我握握手、握握手。

 任务实施

一、实训要求

以小组合作形式,建议7人为一小组,分别扮演幼儿教师、保育员、观察员以及幼儿,完整展示幼儿盥洗前照护的操作流程。

二、实施条件

环境准备	地面干燥、地板防滑、开窗通风、安全、干净、整洁、温湿度适宜,确保盥洗池和盥洗室用水
物料准备	准备好盥洗物品(清洁液、消毒液、拖把、肥皂、洗水池毛巾、抹布、帽子、口罩、塑胶手套)
人员准备	照护者着装整洁,具备对盥洗室消毒的能力

三、实施评价

幼儿盥洗前照护实训评价表

评分项目	评分标准或要求	分值	评价方式			得分
			自评	观察员评	师评	
			权重 20%	权重 30%	权重 50%	
1. 流程完成度	保育员盥洗前保育工作的流程完整程度	20分				
2. 操作规范	照护者应灵活组织幼儿盥洗,保障盥洗室内良好的盥洗秩序	20分				
3. 团队合作	(1) 小组分工明确; (2) 应对过程配合密切	20分				
4. 有效沟通	(1) 给予幼儿关心和安慰; (2) 表达简洁流畅,用语文明礼貌	20分				
5. 人文关怀	(1) 语气、表情、肢体动作等温和有礼; (2) 在活动过程中能发现幼儿的不适,能敏锐发现安全隐患	10分				
6. 反思与收获	能通过在活动中的操作分析总结出经验与不足	10分				
综合模拟实训总分		100分	小组总得分			

 知识测试

一、选择题

1. 在对洗手池进行清洁消毒时需配置清洁剂,用(　　)的清洁剂溶液。
  A. 1∶5　　　　　　B. 1∶8　　　　　　C. 1∶10　　　　　　D. 1∶6

2. 盥洗室的清洁消毒顺序是(　　)。

　　A. 清洁区→半污染区→污染区　　　　B. 清洁区→污染区→半污染区

　　C. 污染区→半污染区→清洁区　　　　D. 半污染区→污染区→清洁区

3. 盥洗的一般操作顺序是(　　)。

　　A. 开窗通风→清理污物→冲洗水池→清洁窗框、墙壁、灯、镜子及柜子→清洁地面

　　B. 开窗通风→冲洗水池→清理污物→清洁窗框、墙壁、灯、镜子及柜子→清洁地面

　　C. 清理污物→开窗通风→冲洗水池→清洁窗框、墙壁、灯、镜子及柜子→清洁地面

　　D. 开窗通风→清洁窗框、墙壁、灯、镜子及柜子→清理污物→冲洗水池→清洁地面

参考答案：1. C；2. A；3. A。

二、判断题

1. 盥洗是幼儿生活的一个重要环节，目的是培养幼儿的生活自理能力。(　　)

2. 幼儿盥洗时应准备温度适宜的流动水，先放热水，再放冷水。(　　)

3. 盥洗室的地面要保持无积水、无污渍、无死角。每次幼儿集中进入盥洗室后都应快速清理一次。(　　)

参考答案：1. ×；2. ×；3. √。

任务二　幼儿盥洗中照护

幼儿盥洗中照护

 学习目标

知识目标	技能目标	素养目标
1. 知道盥洗中保育的具体内容及重要性。 2. 养成良好的盥洗习惯	1. 能帮助和指导幼儿养成良好的盥洗习惯。 2. 能够掌握盥洗的正确步骤和方法	培养幼儿节约用水等环保意识

 情境导入

阳光明媚的早晨，欢快的笑声在幼儿园里飘荡。小朋友们聚集在洗手区，好奇地注视着老师手里拿着的洗手液和肥皂。老师欢快地说道："大家今天要学习一个超级重要的技能！谁知道我们要学什

么呢?"小朋友们兴奋地举起手,纷纷喊道:"洗手!洗手!"他们脸上洋溢着期待的笑容,不知道这节课会有怎样的惊喜等着他们呢?

知识储备

一、盥洗中工作要点

(1) 冬季,调节好室内温度和适宜的水温,保障盥洗室内的地面干燥。
(2) 幼儿能养成自觉排队的意识,养成良好盥洗习惯和独立盥洗能力。
(3) 幼儿能掌握正确洗手的方法(七步洗手法),包括用肥皂洗手心、手背、手指缝,用清水冲洗干净,并用干净的毛巾擦干双手。

二、盥洗中保教老师工作内容

(一) 教师

(1) 合理分组,根据盥洗室的空间大小,合理将幼儿分组,确保盥洗过程有序进行,避免拥挤和混乱。
(2) 增加趣味性,结合歌谣或趣味故事等元素,增加活动的趣味性,吸引幼儿积极参与盥洗。
(3) 告知幼儿盥洗对身体的好处,培养良好的盥洗习惯,培养幼儿节约水资源环保意识。

(二) 保育员

(1) 保持盥洗室的地面干燥和空气流通。随机补充足量方便幼儿取用的毛巾、洗手液等盥洗用品。
(2) 关注幼儿盥洗过程,指导幼儿学习正确的盥洗方法,根据幼儿年龄培养良好的盥洗习惯与独立盥洗能力。
(3) 保教老师要密切关注每个幼儿的盥洗过程,当发现搓洗不仔细、冲洗不干净等行为,耐心地给予动作示范和语言提示,帮助幼儿掌握正确的盥洗方法,顺利完成盥洗。
(4) 关注幼儿的盥洗过程,当发现有打闹、玩水等情况时,及时给予提醒和引导,确保盥洗过程安全有序地进行。
(5) 盥洗后分别对盥洗室进行彻底清洁、消毒。

三、盥洗时的行为要求

小班	1. 知道饭前、便后、活动后或手脏时要洗手。 2. 学习洗手的正确方法和规则。 3. 盥洗过程中不玩洗手液,不玩水

续表

中班	1. 饭前、便后、活动后或手脏时能主动洗手。 2. 能够按照盥洗的正确方法和规则进行盥洗。 3. 盥洗过程中懂得节约用水,学会调节水流大小
大班	1. 饭前、便后、活动后或手脏时能主动洗手。 2. 能熟练按照盥洗的正确方法和规则进行盥洗。 3. 自觉做到节约用水,并能根据需要熟练调节水流大小

四、盥洗时保育员工作操作规范

(1) 使用流动水洗手,按顺序或分组盥洗,指导幼儿用自己的毛巾擦手,提醒幼儿节约用水,养成饭前便后要洗手的习惯。

(2) 幼儿洗手时,保育员站在洗手池旁边,示范讲解洗手步骤。随时提醒幼儿正确的洗手方法。正确的洗手方法与顺序:卷好袖子→拧开水龙头,将手打湿→关水龙头→搓香皂→两手心相搓→左手搓右手的手指、手背、手腕(换反方向手)→两手五指分开,手指交叉洗手指缝→打开水龙头冲洗干净→关水龙头,在水池内甩手→拿毛巾擦手→挂毛巾。

任务实施

一、实训要求

以小组合作形式,建议 7 人为一小组,分别扮演幼儿教师、保育员、观察员以及幼儿,完整展示幼儿盥洗中照护的操作流程。

二、实施条件

环境准备	盥洗室的环境干净、整洁、安全、温度适宜
物料准备	肥皂、洗手液、小毛巾、干拖把
人员准备	照护者着装整齐、具备帮助和指导幼儿正确盥洗的能力

三、实施评价

幼儿盥洗中照护实训评价表

| 评分项目 | 评分标准或要求 | 分值 | 评价方式 ||| 得分 |
| | | | 自评 | 观察员评 | 师评 | |
			权重 20%	权重 30%	权重 50%	
1. 流程完成度	能指导幼儿独立完成盥洗	20 分				
2. 操作规范	照护者应灵活组织幼儿盥洗,保障盥洗室内良好的盥洗秩序	20 分				
3. 团队合作	(1)小组分工明确; (2)应对过程配合密切	20 分				
4. 有效沟通	给予幼儿关心和安慰,表达简洁流畅,用语文明礼貌	20 分				
5. 人文关怀	在盥洗过程中能及时关注幼儿,给予幼儿帮助	10 分				

续表

评分项目	评分标准或要求	分值	评价方式			得分
			自评	观察员评	师评	
			权重 20%	权重 30%	权重 50%	
6. 反思与收获	能通过在活动中的操作分析总结出经验与不足	10 分				
综合模拟实训总分		100 分	小组总得分			

知识测试

一、选择题

1. 小年龄幼儿盥洗时,保育员可以采取的最好的指导方式是( )。
   A. 边示范边讲解　　　B. 讲解　　　　　C. 示范　　　　　D. 图示法
2. 指导幼儿洗手的顺序是( )。
   A. 卷袖→冲水→擦肥皂
   B. 擦肥皂→搓→冲
   C. 卷袖→冲湿手→擦肥皂→搓洗→冲干净→甩几下→擦干
   D. 擦肥皂→冲洗→擦干
3. 幼儿洗手时,不要准备( )。
   A. 肥皂　　　　　　B. 替换衣服　　　　C. 消毒毛巾　　　　D. 流动水
4. 对于盥洗室的安全卫生,一定要做到( )。
   A. 防烫伤　　　　　B. 防摔倒　　　　　C. 防着凉　　　　　D. 以上都是

参考答案:1. A;2. C;3. B;4. D。

二、判断题

1. 幼儿洗手时,保育员要准备好肥皂、毛巾、水,冬天要备好温水。( )
2. 幼儿盥洗时必须注意安全保育,要做到"三防",即防烫伤、防摔倒、防着凉。( )
3. 幼儿盥洗时,保教老师的指导方式是循序渐进、不包办代替,并反复练习。( )

参考答案:1. √;2. √;3. √。

项目六　幼儿来园离园照护

```
                    ┌── 任务一　幼儿来园照护
项目六 幼儿来离园照护 ┤
                    └── 任务二　幼儿离园照护
```

 项目描述

来园、离园是幼儿在幼儿园一日生活的第一个环节和最后一个环节，是一天集体生活的开始和结束，也是幼儿园与家庭每日良好衔接的重要时机，更是培养幼儿独立自理、文明礼仪等的有效教育途径。因此，保教老师每天都要做好来园和离园的准备工作，如洗手、换服装、开窗通风、清扫活动室和卧室、准备盥洗用品和饮用水，完成清洁消毒、安全检查、整理工作及接待幼儿和家长等。同时，来园和离园环节也是缓解幼儿分离焦虑、促进幼儿品性养成、培养幼儿综合生活能力，以及开展个性化教育的重要时机，是建立家园良好关系、形成家园合力的重要环节。

任务一　幼儿来园照护

幼儿来园照护

 学习目标

知识目标	技能目标	素养目标
1. 知道幼儿来园活动的保育任务。 2. 知道保育员、教师在幼儿来园活动保育工作的职责及各年龄幼儿来园活动的行为要求	1. 能指出来园保育工作案例中存在的问题。 2. 能小组合作，模拟根据幼儿行为表现及年龄，对来园活动的个别幼儿进行教育。 3. 能发现幼儿来园时的安全隐患，并能采取合适的预防措施	体会来园保育的内涵及多元价值，积极拓展来园保育学习的深度和广度

情境导入

幼儿园的来园活动是幼儿一日生活的首个环节,是一天集体生活的开始,也是幼儿园与家庭每日良好衔接的第一步,更是培养幼儿独立自理、文明礼仪等的有效教育途径。幼儿园的保教老师应该做好哪些工作才能保证幼儿来园保育任务?

 知识储备

来园是幼儿在园生活中的第一个环节,关系到每个幼儿能否安全、有序、愉快地开启一天的幼儿园生活。每天,在幼儿来园之前,教师应该做好来园准备工作,如整理仪容仪表、洗手、开窗通风、清理活动室、准备盥洗用品和饮用水、接待幼儿和家长、晨检、组织早餐或晨间活动等。

一、来园准备

(一) 上岗前保教老师自身准备

1. 整理仪表

(1) 幼儿教师要和幼儿一起游戏、运动,服装要求舒适、美观、得体、便于运动。

(2) 有尖角的饰品不适宜在工作时佩戴,不戴戒指,不留长指甲,不披长发,不化浓妆,不喷气味浓烈的香水。

2. 洗净双手

据世界卫生组织统计,全球每年约 220 万 5 岁以下儿童死于腹泻性疾病和肺炎,通过洗手可以减少 30% 的腹泻性疾病、减少 16% 的呼吸道疾病,每减少一次生病机会,孩子就减少一分危险。

洗手能有效地预防许多疾病的传播。据世界卫生组织报道,正确洗手能降低 30%~50% 感染疾病的风险。教师要保证自己在来园时、准备食物前、吃饭前、帮孩子上完厕所后,特别是给幼儿擦完鼻涕后要洗净双手。

教师首先要按正确的方法洗手,这不仅是一种好的卫生习惯,也是对幼儿行为的良好示范。如果手看起来很脏,就用肥皂洗;如果看不到明显的污渍,就用酒精擦。涂肥皂和酒精之前都要先把手打湿,再用七步洗手法洗手。

(二) 教室准备

1. 开窗通风

自然通风是预防幼儿传染性疾病的最佳方式。开窗通风可以有效清除室内空气中的有害气体,净化室内空气。据测定,在空气流通良好的情况下开窗通风 15 分钟后,室内空气便被新换了一次。

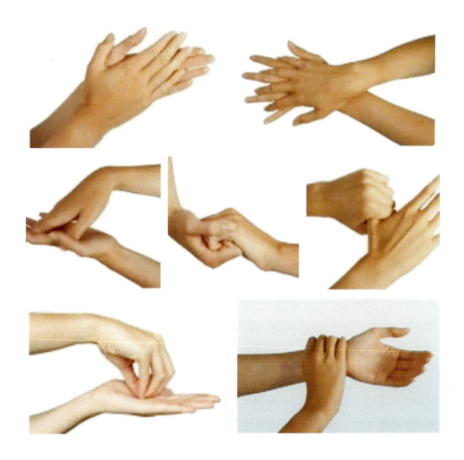

开窗通风也可以大大减少空气中病菌的含量。据测定,在门窗紧闭的室内,每立方米空气中的病菌高达数万个,而开窗通风后只剩下数千个了;开窗通风还能增加空气中的氧气含量,让人头脑清醒、呼吸顺畅、心情愉悦。开窗通风最佳时间为10:30至15:00,避开早晚污染严重的时候开窗通风。

2. 清洁消毒活动室

活动室要保持干净和整洁。根据活动室卫生检查表对以下每一项进行检查。

(1) 地板和坐垫是干净的,阅读区的靠垫是干净的。

(2) 桌子表面要干净,消毒垃圾箱要有塑料袋。

(3) 盖子是盖好的,盥洗室地板要清洁消毒。

(4) 保持厕所干净,要清洁水槽和消毒玩具。

(5) 教具要清洁和消毒,洗水池的水每天更换。

(6) 被单、毯子要干净,叠整齐。

(7) 准备好玩具、肥皂、毛巾、流动水、茶水、茶杯等。

二、幼儿来园时的工作

(一) 接待幼儿及家长进园

(1) 幼儿在幼儿园大门口与家长道别后,独立进园,个别有需要的幼儿由家长陪同进园。

(2) 热情接待幼儿及家长,培养幼儿的礼貌行为。

(3) 在热心接待家长的同时,做好各类物品的交接,包括衣物、药物等。指导幼儿脱下外套、帽子、围巾等,整齐放好,与家长带来的备用衣裤有序地摆放在指定位置。

(4) 配合教师组织活动,细心观察,适时指导个别需要帮助的幼儿。

(二) 晨检

幼儿园老师和工作人员都应该熟悉晨检的流程。首先,新入园的幼儿要确保都接种了白喉、破伤风、百日咳、麻疹、腮腺炎、风疹、脊髓灰质炎、肝炎等疫苗。其次,每天清晨,教师应该配合保健人员进行幼儿进班的晨间健康检查,及时发现问题,及时处理。

晨检的工作流程如下。

一摸:摸幼儿的额头、手心,了解有无发热现象,可疑者要测量体温。

二看:一看幼儿面色和精神状态;二看幼儿咽喉、腮部有无异常。

三问:向家长或幼儿了解当日身体健康情况。带药来园的幼儿,要问清楚是什么地方配的药,及时做好"三核对"工作,即核对姓名、药名药剂、用药时间和方法。并请家长做好委托吃药的签名记录。

四查:根据传染病流行季节,检查相应发病部位,查找传染病的早期表现及皮肤有无皮疹等症状。

最后,特别关注个别过敏、哮喘、水痘、流感、中耳炎等主要影响幼儿健康的因素。花粉、灰尘、动物皮毛等可能会让幼儿过敏。教师要关注经常出现眼睛红肿、黑眼圈、流鼻涕、连续打喷嚏、干咳、用嘴呼吸、流鼻血、皮肤刺激等症状的幼儿,与家长沟通了解幼儿是否是易过敏体质,为幼儿建立个人健康档案。教师需要经常擦洗活动室的物品,清扫灰尘,空调也需要定时清理。

食物是一种常见的过敏原,最常见的过敏原有牛奶、鸡蛋、花生、大豆、核桃、小麦、海鲜等。常见的过敏反应包括身体发痒、嘴唇肿胀、流鼻涕、呼吸困难、恶心、呕吐、腹部痉挛和腹泻等。一旦幼儿吃了某种食物出现过敏症状,教师要及时联系家长和保健医生,并将情况记录下来,和专家一起商讨解决对策。

蚊虫叮咬也可能给过敏幼儿带来严重问题。教师在组织户外活动时,要特别关注易过敏幼儿。一旦发现孩子出现发热、肿胀、呼吸困难等症状,要立即进行救助。

哮喘通常在幼儿期就有了,男孩得哮喘的概率是女孩的两倍。哮喘会导致呼吸短促、咳嗽、喘气,甚至窒息。过敏是导致哮喘最常见的原因。教师应该提前知道哮喘幼儿的规定药物及其使用方法。幼儿在哮喘发作时应该让他们坐着而不是躺下。教师应该准备好相关的急救措施。

水痘是传染性很高的疾病,得水痘的孩子应该留在家中,直到水痘全部消失,并在24小时内没有新的水痘出现。水痘很痒时,要避免孩子抓挠,可以涂一些炉甘石擦剂。

流感是冬季特别容易感染的疾病。流感会引发浑身疼痛、持续高烧、腹泻、呕吐、疲劳和虚弱等症状。触摸到某个得流感的幼儿使用过的玩具、图书等物品就可能感染病毒,所以教师要教会幼儿在咳嗽、打喷嚏时用手捂住嘴巴和鼻子,并用纸巾擦干净,还要注意经常洗手。教师在特殊时期也要加强对物品和场所的消毒。

(三) 检查核对药物

幼儿排队等候,主动配合晨检,如直立站稳等待测量体温、伸出双手配合医生查看等,并领取医生发放的晨检牌。核对药物注意事项如下。

（1）仔细核对药品名称、服药剂量、服药时间、服药方法、幼儿名字等信息，做好填写准备。指导家长填写服药记录登记表。

（2）妥当保管幼儿所带药品。
（3）配备专门的药箱和带锁的柜子放置幼儿所带药物。

三、来园结束

（一）考勤

幼儿进园后，自主进行考勤，在考勤机上刷考勤卡或者在固定位置放置考勤牌。

了解晨检情况，知道哪些幼儿需要特别照顾，哪些幼儿今天缺席，进而向缺席的幼儿家长确认并了解缺席缘由。

（二）整理

幼儿来到班级后，将书包放到自己的书包柜中。如有需要回收的资料、通知等，将其放入指定的回收桶。视需要进行如厕、洗手、放杯子、挂毛巾、喝水等自我服务活动。

四、组织晨间活动

幼儿早晨精力充沛，注意力集中，教师应该根据幼儿的年龄特点，有目的、有计划地开展多种多样的晨间活动。

在开展活动前，教师一定要引导幼儿认真洗手，以免把病菌带到班里。引导幼儿洗手，幼儿根据七步洗手法洗干净双手。

《幼儿园教育指导纲要（试行）》（教基〔2001〕20号）中提出："培养幼儿对体育活动的兴趣是幼儿园体育的重要目标，要根据幼儿的特点组织生动有趣、形式多样的体育活动，吸引幼儿主动参与。"晨间锻炼是幼儿体育活动的重要形式之一，也是幼儿每日一小时体育活动的重要组成部分。

五、幼儿在来园环节的行为要求

小班	1. 在保教老师的引导下,会向老师、同伴问好,向家长说再见。 2. 在保教老师的提醒和帮助下,学会将个人物品摆放在指定位置。 3. 在保教老师的指导下,尝试整理教室环境、照顾动植物。 4. 在保教老师的提醒下,自己选择活动内容;能听懂活动结束的信号,将玩具材料送回指定处
中班	1. 对熟悉的老师和同伴能主动问好,向家长说再见。 2. 能将个人物品摆放在指定位置。 3. 能主动参与整理教室环境、照顾动植物等工作。 4. 能自主选择活动内容;活动结束时能参与整理工作,如摆放桌椅、将玩具材料送回指定处
大班	1. 能主动向老师和同伴问好,主动向家长说再见。 2. 能将个人物品整齐有序地摆放在指定位置。 3. 能积极做好整理教室环境、照顾动植物等工作。 4. 能主动选择活动内容;能主动参与游戏结束时的整理,如将玩具材料送回指定处、放好桌椅

六、幼儿来园时保教老师工作内容

(一) 教师

(1) 准备好自己的仪容仪表,调整好情绪状态。

(2) 整理班级活动环境,调整有关活动材料。

(3) 热情接待家长与幼儿,引导幼儿主动问候老师和与家长道别。

(4) 让幼儿自主选择活动内容,在必要时给予帮助。

(5) 细心关注每个幼儿,用心挖掘每个幼儿的教育契机并进行随机教育。

(6) 根据幼儿年龄特点,引导幼儿协助教师整理班级环境、照顾动植物。

(7) 了解晨检情况,明确需要特别照顾的幼儿。

(二) 保育员

(1) 做好个人卫生,准备好仪容仪表,调整好情绪状态。

(2) 清洁消毒班级环境、设施,排除安全隐患。

(3) 准备好幼儿生活用品及玩具等物品。

(4) 热情接待幼儿及家长,引导幼儿主动问候老师和与家长道别。

(5) 指导幼儿有序摆放个人物品,完成自我服务。

(6) 根据幼儿年龄特点,引导幼儿协助教师整理班级环境、照顾动植物。

(7) 配合教师组织活动,留心观察,适时指导个别需要帮助的幼儿。

(8) 了解晨检情况,明确需要特别照顾的幼儿。

任务实施

幼儿来园活动安全隐患查找与预防

1. 布置任务:小组合作讨论幼儿来园活动时有可能发生的危险及其形成原因和预防方法。

2. 巡视、答疑。

3. 评价、总结学生的回答。

知识测试

一、选择题

1. 冬季,活动室、卧室一般开窗通风( )。

A. 10 分钟 B. 10～15 分钟 C. 15～20 分钟 D. 30 分钟

2. 幼儿来园前,对活动室进行擦拭的正确顺序是( )。

A. 桌面→窗台→走廊→户外 B. 窗台→桌面→走廊→户外

C. 窗台→桌面→户外→走廊 D. 户外→走廊→桌面→窗台

3. 对卧室做湿性清扫时,用( )的消毒液清洁地板。

A. 1∶1000 B. 1∶500 C. 1∶250 D. 1∶750

4. 接待幼儿与家长时,要做到( )。

A. 情绪愉悦、态度热情 B. 耐心倾听嘱托、做好物品交接工作

C. 提醒幼儿礼貌招呼 D. 以上都是

参考答案:1. B;2. A;3. A;4. D。

二、判断题

1. 到岗后,应快速检查班级整体环境是否安全,如发现异常,可自行修理完善。( )

2. 活动室、卧室每日至少开窗通风 2 次。冬季气温较低,可不开窗。( )

3. 在不适宜开窗通风时,每日应采取其他方法对室内空气消毒 1 次。( )

4. 检查活动场地是否完好,大型户外器械破损应通知园所维修工进行维修,方便幼儿后续使用。( )

参考答案:1. ×;2. ×;3. ×;4. ×。

任务二　幼儿离园照护

幼儿离园照护

学习目标

知识目标	技能目标	素养目标
1. 知道幼儿离园活动的保育任务。 2. 知道保育员、教师在幼儿离园活动保育工作的职责及各年龄幼儿离园活动的行为要求	1. 能指出离园保育工作案例中的存在问题。 2. 能发现幼儿离园时的安全隐患,并能说出合适的预防措施。 3. 能根据幼儿年龄及预设情况,小组合作模拟与个别幼儿家长进行沟通	1. 体会幼儿离园保育工作的内涵及多元价值,积极参与离园保育的学习活动,拓展离园保育学习的广度与深度。 2. 有良好的职业素养,在幼儿离园检查的过程中关心爱护幼儿,做到有爱心、耐心和责任心

情境导入

幼儿离园的保育工作繁多,如提醒幼儿做好相关生活准备,热情接待家长,培养幼儿良好的行为习惯,做好晚接幼儿的交接班工作,完成教室的清洁消毒、安全检查、整理工作等,同时还要与个别幼儿及其家长进行交流。保教老师为什么要做这么多的离园保育工作呢?如果保教老师疏忽其中的某项工作会导致什么后果?

知识储备

离园环节是指等待家长来接孩子直到最后一名幼儿离园的这段时间。教师要清点幼儿人数、组织幼儿活动、接待家长、填写离园交接记录表、清理幼儿活动区域、准备次日工作等。

一、离园准备

(一)组织离园前室内活动

组织安静有序的室内活动,幼儿离园前,教师要根据当天的出勤记录清点幼儿人数。

(二)晚检

离园前的晚检可与离园活动同时进行,教师要对幼儿的体温、肢体活动情况及皮肤进行检查。特别是感染病流行期间,要重点检查幼儿有无传染病早期表现。对于精神状态不佳、出现身体不适或有外伤的幼儿要格外关注,并在离园时告知家长。

离园前,教师还要检查每一名幼儿的面部、手部是否洁净,头发是否凌乱,穿戴是否整洁,鞋子是否穿反,上衣胸前、袖口是否有水湿现象。对于年龄较小的幼儿,教师还要检查是否有汗湿、尿湿、裤子里有大便的现象,如有,应及时为幼儿更换洁净的衣物。

离园前,教师为幼儿整理衣服时,可以有意识地检查一下衣服口袋,如果发现幼儿拿了玩具想带回家,教师要进行劝解并帮助幼儿建立良好的行为习惯。

二、幼儿离园

(一)清点幼儿人数

幼儿开始离园后,每接走一个孩子,教师都要做好记录并随时清点幼儿人数。当幼儿全部离园后,教师应再次检查班级中的每个角落,以防遗漏幼儿。

(二)接待家长

离园时,教师要主动与家长沟通幼儿在园情况,交接物品,妥善处理他人代替家长接幼儿的问题。教师要根据幼儿的实际情况有针对性地交流,回应家长交代的事情,表扬幼儿的进步,提醒家长幼儿需要改进的部分。遇到不认识的家长来接幼儿,可以礼貌地询问家长需要接的幼儿的名字,随后将该幼儿叫到自己身边,询问幼儿来人的情况。教师还应通过给幼儿父母打电话、查询班级幼儿情况记录表等途径确认家长身份。若遇到家长没有事先告知的情况,教师有必要要求家长用手机短信或邮件的方式将他人代替自己接幼儿的情况做准确说明,得到家长的认可后,才能将幼儿交给代接的人。

三、离园结束

(一)活动室的整理

1. 玩具材料

离园前,教师和幼儿一起整理各个活动区,将玩具材料整理摆放整齐,出现问题的玩具和材料要另外放置以便及时修理更换。

2. 桌椅玩具柜、水杯柜

幼儿离园后,教师要把活动室里的家具归位,摆放整齐。

3. 教师教学用品

教师需要将使用后的教学用品及时收放整齐,将次日需要用到的教学用品准备好。

(二)清洁与消毒

每天下班前,教师要对幼儿活动室、盥洗室、卫生间进行清洁消毒。活动室里幼儿能接触的所有物品家具都要进行清洁并用消毒水擦拭,第二天入园前再用清水擦拭。

盥洗室和卫生间要进行清洁,特别是水杯、毛巾、饮水桶、水池、水龙头、便器等都需要清洁和消毒,保证第二天幼儿能正常使用。

四、幼儿在离园环节的行为要求

小班	1. 离园前,在保教老师的帮助和指导下,做好相关的整理工作:如厕→整理衣服→放好椅子→整理玩具和物品→换鞋→背好小书包。 2. 在保教老师的引导下参与一些安静的活动,使幼儿情绪基本稳定。 3. 离园时能和保教老师、同伴道别。 4. 懂得跟随家人离园,不跟随陌生人,不独自离开
中班	1. 离园前,在保教老师的提醒下,做好相关整理工作(整理内容同小班)并把物品摆放整齐。 2. 参与一些安静的活动,保持情绪稳定。 3. 离园时,能有礼貌地和保教老师、同伴道别。 4. 能主动跟随家人离园,不跟随陌生人,不独自离开。 5. 能转交教师交给家长的书面通知、便签等
大班	1. 能熟练做好相关的整理工作(整理内容同小班),并能按顺序整理和摆放。 2. 主动参与一些安静的活动,保持情绪积极稳定。 3. 离园时,能主动并有礼貌、大方地和保教老师、同伴道别。 4. 能自觉遵守离家途中的注意事项,不跟随陌生人,不独自离开。 5. 能记得转交或转达教师给家长的书面或口头通知、便签等

五、幼儿离园时保育员及老师的工作内容

(一)教师

(1)检查幼儿仪表,根据幼儿年龄特点,采用合适的方法提醒并帮助幼儿整理自己的衣物及个人物品等。

(2)与幼儿进行简短的谈话交流,稳定幼儿的情绪,总结、分享当天活动中的快乐时光并预告第二天的活动。

(3)主动招呼家长,与每位幼儿道别,提醒他们带好自己的物品。

(4)与个别需要沟通的家长进行简短有效的交流。

(5) 如果要提前离开,注意做好清点人数和交接班工作。

(6) 幼儿全部离园后,检查活动室是否已经整理完毕,必要时,可准备好第二天要用的材料。

(二) 保育员

(1) 根据幼儿年龄特点,采用合适的方法提醒幼儿喝水、排便、整理衣服鞋帽、带回个人物品等。

(2) 关注幼儿安全,必要时与家长沟通,给予体弱儿或特殊儿的家长科学、合理的指导。

(3) 全体幼儿离园后,进行活动室以及盥洗室的清洁、消毒和安全检查工作,最后整理环境,关好门窗,切断水电开关。

任务实施

模拟表演离园活动时与个别幼儿家长的有效沟通

1. 布置任务:请小组合作,运用身边的资料和自身的实习经验,自己设计离园活动时与个别幼儿家长进行有效沟通的内容和基本方法,并模拟表演沟通情节,然后在全班展示,并列举需要与家长沟通的幼儿情况。

2. 巡视、答疑。

3. 评价、总结学生的回答。

知识测试

一、判断题

1. 活动室台面的清洁和消毒的顺序应该是由上而下、由右至左。(   )

2. 应在幼儿第二天来园前将盥洗室和厕所的垃圾做倾倒处理。(   )

3. 在离园环节,可以跟家长沟通幼儿的在园表现,给予体弱幼儿或特殊幼儿的家长科学、合理的指导。(   )

4. 对活动室地面进行清洁时,应先用扫帚清扫垃圾,再用浸泡好消毒液的拖把把地面拖干净。(   )

5. 对活动室台面进行消毒时,将专用抹布打湿后蘸取配比好的消毒液擦拭窗台、门面、门把手等幼儿会触及的地方,再用清水擦拭一遍。(   )

参考答案:1. ×;2. ×;3. √;4. ×;5. ×。

二、填空题

1. 常用的清洁卫生用具包括(   )、(   )、(   )、(   )。

2. 抹布、拖把、扫帚按日常要求做到(　　)、(　　),消毒后必须(　　)。每天倒净垃圾桶并经常冲洗。发生传染病要先(　　),后(　　)。

3. 必须做好电器使用前的安全检查,检查电线是否(　　)、(　　),插座螺丝是否(　　),固定装置是否(　　)。

4. 电器不用时,要先关(　　),再拔掉(　　),然后做好保洁工作,要清洗、擦干、(　　)、包好收藏。损坏的电器用品要(　　),不能用的要及时(　　)。

5. 电风扇的保养工作包括:检查吊扇的(　　)是否牢固,壁扇的(　　)是否牢固,(　　)是否扣紧。注意定期保洁,不用时先(　　),清洁、加润滑油后将其包好收藏。

6. 做好盥洗室和厕所的清洁消毒工作,需消毒(　　)和(　　),清洁(　　),冲洗(　　),用(　　)漂洗干净。

7. 抹布使用完毕后,用配比剩余的消毒液浸泡(　　),用(　　)擦拭。

8. 将各种抹布,如清洁抹布、清水抹布等,按照卫生工具(　　)分类悬挂风干,以备第二天使用。

9. 检查水电等安全隐患时,应检查窗户是否(　　),并(　　)锁好大门。

参考答案:1. 拖把、抹布、垃圾桶、扫帚。

2. 勤清洗、勤消毒、晾干、消毒、清洗。

3. 老化、裸露、松动、牢固。

4. 开关、电源、加润滑油、报修、报废。

5. 吊钩、挂壁处、风扇罩、切断电源。

6. 水杯架、毛巾架、水池、便池、清水。

7. 15分钟、清水。

8. 标志。

9. 关闭、插好插销。

模块二
日常保健

模块导学

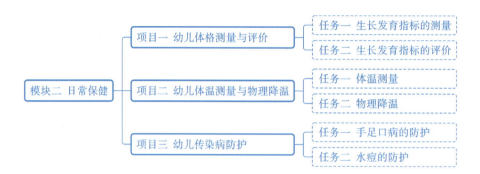

项目一　幼儿体格测量与评价

```
项目一 幼儿体格测量与评价 ─┬─ 任务一　生长发育指标的测量
                              └─ 任务二　生长发育指标的评价
```

项目描述

　　生长发育是幼儿区别于成人的重要特点。生长是指幼儿身体各器官、系统的长大，可以通过具体的测量值来表示，是量的变化。发育是指细胞、组织、器官的分化和功能的成熟，是质的改变。生长和发育紧密相关，检测和促进幼儿生长发育是幼儿教师要学习的重要内容。正确掌握幼儿体格测量方法，并能根据幼儿体格的标准简单评估幼儿的生长发育状况是幼儿教师的必备技能。幼儿处于快速生长发育阶段，充分了解幼儿生长发育规律和特点，正确评价其生长发育状况，给予适当的指导和干预，对促进幼儿的健康成长十分重要。

任务一　生长发育指标的测量

生长发育指标测量

学习目标

知识目标	能力目标	素质目标
1. 识记幼儿身高、体重、头围、胸围的测量方法。 2. 熟知幼儿身高、体重、头围、胸围的测量意义	1. 熟练掌握幼儿身高、体重、头围、胸围的测量方法。 2. 能正确完成幼儿生长发育测量的记录	1. 在测量过程中要有耐心。 2. 能在操作中关心爱护幼儿

情境导入

　　某幼儿园要对在园幼儿的生长发育做简单评估，现需要对所有幼儿进行体格测量，那么作为幼儿教师应该如何正确地对幼儿进行体格测量并做好记录呢？

知识储备

一、体重

（一）体重认知

体重是身体各器官、系统、体液的总重量。体重最能反映幼儿的营养状况，在一定程度上代表幼儿的骨骼、肌肉、皮下脂肪和内脏重量及其增长的综合情况，是衡量幼儿体格生长最重要的指标。幼儿体重的增长不是匀速的，可按照以下公式粗略估计（单位为千克）。

1—6个月：体重＝出生时体重＋月龄×0.7

7—12个月：体重＝6＋月龄×0.25

2岁到青春期前：体重＝年龄×2＋8

12岁以后为青春期，个体差异较大不能按上述公式计算。正常同年龄、同性别幼儿的体重存在个体差异，一般在10％左右。

（二）体重测量的意义

通过体重测量可以掌握以下三种情况。

（1）体重是衡量幼儿体格生长和营养状况的指标之一。

（2）体重是临床计算用药量的主要依据之一。

（3）体重增长过快者可能患有肥胖症，体重低于正常均值的85％者为营养不良。

（三）体重测量的工具及方法

（1）电子婴儿体重秤。

将婴儿躺着放在托盘中，进行体重测量，液晶显示器会自动显示体重数据。

(2) 杠杆秤。

幼儿躺着或坐在此秤上,使用杠杆式体重秤进行测量。

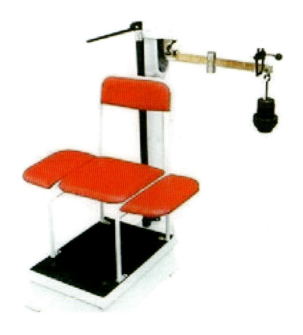

(3) 电子儿童体重秤。

儿童坐着或站在秤上,进行体重测量,液晶显示器会自动显示体重数据。

(四) 体重测量操作流程

(1) 口述如何根据幼儿情况选择体重秤及测量方法。

(2) 铺毛巾于体重秤上,校零。

(3) 脱去幼儿衣物、鞋袜至仅着单衣。

(4) 轻抱幼儿于秤中央,口述体位或指导家长轻上轻下,平稳立于秤中央。

(5) 幼儿或家长不能摇晃,身体不接触其他物品。

(6) 数据显示稳定后读数并记录。

二、身高(身长)

(一) 身高(身长)认知

身高(身长)是指头顶到足底的全身长度,是反映骨骼发育的重要指标,表示全身生长的水平和速度。身高的增长规律与体重相似,年龄愈小增长愈快,主要有婴儿期和青春期两个生长高峰。

幼儿出生至2岁身高估计方法如下。

出生时身长平均为50 cm,出生后第一年增长最快,1岁时的身高约为出生时身长的1.5倍,即75 cm。第二年增长速度减慢,平均每年增长10 cm。

2—12岁身高估计公式(单位为cm)如下。

$$身高/身长 = 年龄 \times 5 + 80 \text{ 或 } 75$$

12岁后为青春期,个体差异较大,不能按上述公式计算。

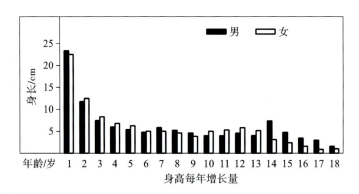

(二) 身高测量的意义

幼儿身高是评价幼儿时期生长发育和健康状况的重要指标之一,幼儿身高测量实际意义主要表现在以下几个方面。

(1) 能够反映幼儿骨骼系统,尤其是长骨的增长情况。

(2) 在很大程度上能够综合性反映幼儿体格发育和健康状况。

(3) 身高过高或过低能够提示某些疾病的存在。

(4) 结合其他指标能够对身体若干部位的发育状况作出评价。

(5) 一定人群身高平均值的连续观察和分析对比能够反映一定的社会经济、医疗保健制度的发展水平。

(三) 身高(身长)测量操作

1. 测量方式

(1) 3岁以下幼儿可用量床测身长。

(2) 3岁以上儿童可用身高计测身高。

2. 测量操作

(1) 测身长。

工具：量床。

年龄：3岁以下。

测量方法如下。

①脱去幼儿帽子、鞋袜、厚实外衣裤。

②轻抱幼儿于量床上，仰卧于量床底板中线上。

③测量者轻轻扶住幼儿头部，使其两耳在一水平线上，颅顶接触头板。

④另一测量者位于幼儿右侧，双手将幼儿两腿内旋、双膝并拢，左手轻压幼儿双膝，使下肢伸直并紧贴床板，右手移动足板，使之接触幼儿足跟。

⑤保持视线与足板刻度在一条直线上进行读数，精确至 0.1 cm。

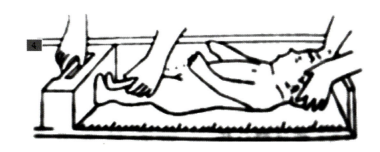

(2) 测身高。

工具：身高计。

年龄：3岁以上。

测量方法如下。

①幼儿脱去鞋帽、外衣。

②立正站在底板上,脚跟并拢,脚尖分开,足跟、臀部、肩胛间三点紧靠垂直立柱。

③测试者向下滑动测板,轻触幼儿的头顶,读取所指刻度。

身高是指头顶到足底的垂直长度,是反映骨骼发育的重要指标。3岁以下儿童采用仰卧位测量,称身长,3岁以上采用立位测量,称身高。身高(身长)的增长规律与体重相似,也有婴儿期和青春期2个生长高峰。正常新生儿出生时平均身长为50 cm,出生后第一年身长平均增长25 cm,上半年增长比下半年快,其中前3个月增长11～12 cm,后9个月的增长与前3个月相当,1岁时身长约为75 cm。第二年增加速度减慢,平均增加10 cm,到2岁时身长约为85 cm。2岁以后身高(身长)稳步增长,平均每年增长5～7 cm。

身高(身长)包括头、脊柱和下肢的长度,这三部分的发育速度并不一致,头部生长较早,而青春期身高增长则以下肢为主。临床上通过测量上部量和下部量,以判断头、脊柱、下肢所占身长的比例。上部量为头顶至耻骨联合上缘的距离,反映头和脊柱的长度;下部量为耻骨联合上缘至足底距离,反映下肢的长度。新生儿上部量大于下部量,中点在脐上;2岁时中点在脐下;6岁时中点移至脐与耻骨联合上缘之间;12岁时上、下部量相等,中点在耻骨联合上缘。

身高(身长)的增长与遗传、内分泌、营养等因素有关。某些疾病,如甲状腺功能降低、生长激素缺乏、营养不良等可能影响身高(身长)的发育,短期的疾病与营养波动不会明显影响身高(身长)。

三、头围

(一)头围认知

头围指经眉弓上缘、枕骨结节绕头一周的长度。反映颅骨及脑的大小与发育程度情况,是反映学龄前儿童脑发育的重要指标,也是脑积水、小头畸形等的主要诊断依据。

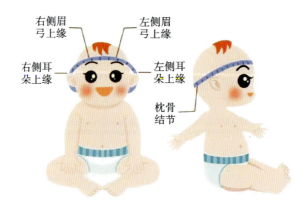

新生儿头围平均值为 34 cm，1 岁时头围平均值为 46 cm，2 岁时头围平均值为 47 cm，3 岁时头围平均值为 48 cm，以后增长得更少。不同年龄头围的参考数值如下。

关键年龄	实际头围/cm	增长/cm
出生时	34	—
3 月龄	40	6
1 岁	46	6
2 岁	47	1
5 岁	50	3
15 岁	53~54	3~4

（二）头围测量的意义

掌握幼儿头围的生长速度能及时发现头围过大或过小的异常现象。当头围过大时要注意有无脑积水等疾病，特别是当发现幼儿头围过小时，要警惕小头畸形的可能，这种畸形的最大危害是伴有智力发育障碍。

（三）头围测量操作

(1) 脱去幼儿帽子，根据幼儿头发情况整理头发。
(2) 口述：幼儿取坐位或平卧位，不合作者可由家长抱坐于家长腿上，同时家长协助固定头部。
(3) 用手指触摸幼儿两侧眉弓上缘及枕骨结节，确定测量位置。口述测量方法。
(4) 站立于幼儿侧前方，将软皮尺零点固定于近侧眉弓上缘。
(5) 另一手将软皮尺紧贴头皮经枕骨结节绕至远侧眉弓上缘回到零点。
(6) 读与零刻度相重叠的刻度值，精确至 0.1 cm，记录数值。
(7) 为幼儿整理头发，戴好帽子。
(8) 整理用物，安抚幼儿，洗手。

头围测量图示如下。

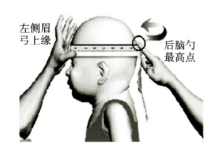 

四、胸围

(一)胸围认知

胸围是指沿乳头下缘经肩胛角下缘绕胸 1 周的长度,胸围的大小反映肺和胸廓的发育,是人体宽度和厚度最有代表性的指标。

新生儿胸围平均为 32 cm 左右,比头围少 1~2 cm,1 岁左右胸围与头围大致相等,1 岁后胸围超过头围。关键年龄的胸围数据如下表所示。

关键年龄	实际胸围/cm	与头围比较/cm
出生时	32	小 1~2
1 岁	46	约相等
大于 1 岁	头围+(年龄−1)	大(年龄−1)

(二)胸围测量的意义

胸围表示胸廓的容积以及胸部骨骼、胸肌、背肌和脂肪层的发育情况,在一定程度上表明身体形态及呼吸器官的发育状况,也可反映体育锻炼的效果。胸围赶上头围的时间与幼儿营养状况有密切的关系。正常情况下,一个营养状况良好的幼儿,胸围赶上头围的时间往往会提前。而营养不良的幼儿,由于胸部肌肉和脂肪发育较差,胸围超过头围的时间较迟。若到 2 岁半时胸围还比头围小,则要考虑是否是营养不良或胸廓、肺发育不良。

(三)胸围测量操作

(1) 暴露胸部。
(2) 口述:幼儿取坐位或平卧位,双手自然下垂或平放,平静呼吸。
(3) 用手指触摸幼儿两肩胛骨下缘,确定测量位置。口述测量方法。
(4) 站立于幼儿前方,将软皮尺零点固定于近侧乳头下缘。
(5) 另一手将软皮尺紧贴皮肤经两肩胛下角绕至对侧乳头下缘回到零点。
(6) 读与零刻度相重叠的刻度值,呼气和吸气时各测一次,取平均值,精确到 0.1 cm。
(7) 为幼儿穿好上衣。

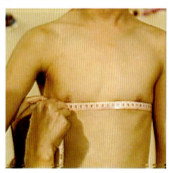 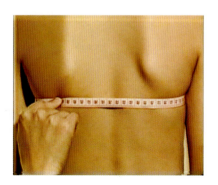

幼儿体格测量与评价　项目一

 任务实施

一、实训要求

以小组合作形式,建议 7 人为一小组,分别扮演幼儿教师、保育员、观察员以及幼儿,展示完整的生长发育指标的测量工作流程。

二、实施条件

名称	实施条件	要求
实施环境	1. 模拟房间; 2. 理实一体化多媒体教室; 3. 无线网络	干净、整洁、安全、温湿度适宜,在线观看线上学习资源
实施设备	1. 照护床 1 张; 2. 椅子 1 把; 3. 幼儿仿真模拟	无损坏、松动
物品准备	1. 体重身高测量仪; 2. 软皮尺; 3. 铅笔、签字笔、记录本; 4. 消毒剂	照护者自备工作服、帽子、口罩、发网、挂表等
人员准备	照护者具备处理幼儿生长发育指标测量的操作技能和相关知识	照护者着装整齐

三、实施步骤

(一) 准备

(1) 幼儿:空腹,排空大小便,情绪状态、心理状态稳定。
(2) 环境:干净、整洁、安全、温湿度适宜。
(3) 照护者:着装整齐。
(4) 物品:体重身高测量仪、软皮尺、铅笔、签字笔、记录本、消毒剂。

(二) 评价

(1) 正确完成生长发育测量图。

(2) 正确记录生长发育图。

四、实施评分标准

生长发育指标的测量实训评价表

考核内容	考核点		分值	评分要求	扣分	得分	备注
评估 (10分)	照护者	着装整齐,已修剪指甲、洗手	1	不规范扣1分			
	环境	整洁、明亮、安全、温度适宜	2	未评估扣2分;不完整扣1分			
	物品	用物选择正确、准备齐全	5	错误或少一个扣1分,扣完5分为止			
	幼儿	年龄及合作情况	2	未评估扣2分;不完整扣1分			
计划 (2分)	预期目标	口述:正确测量并记录幼儿身高、体重、胸围和头围	2	未口述扣2分;口述不完整扣1分			
实施 (68分)	身高(身长)测量	口述:选择卧位为幼儿量身高	1	未口述扣1分			
		制作简易测量器:将皮尺平行于操作台长轴拉直,两端用胶布固定在操作台上,在皮尺的零刻度处垂直于皮尺放置一块木块充当"头板",另一块木块与"头板"平行放于操作台另一端充当"足板"。如有带刻度的体重秤,则直接测量身高	4	皮尺未拉直或拉伸过度扣1分;未与操作台平行放置扣1分;"头板"未与皮尺垂直扣1分;未放于零刻度或整数刻度扣1分			
		脱去幼儿帽子、厚实的外衣裤、鞋袜	1	口述和操作均未进行扣1分			

续表

考核内容		考核点	分值	评分要求	扣分	得分	备注
实施 (68分)	身高 (身长) 测量	轻抱幼儿于操作台上,身体长轴平行于皮尺,固定幼儿头部,使其头顶接触"头板",目光平视天花板	4	动作粗暴扣4分;身体长轴未平行于皮尺扣2分;头顶未接触"头板"扣2分;未口述目光平视扣2分,扣完为止			
		双手将小儿两腿内旋、两膝并拢,接着用一只手按直膝部,使小儿下肢伸直紧贴操作台,另一手将"足板"始终垂直于皮尺移动至紧贴小儿足跟	5	动作粗暴扣5分;小儿下肢未伸直紧贴操作台扣4分;"足板"未垂直于皮尺移动扣2分;未移至紧贴小儿足跟扣2分,扣完为止			
		保持视线与"足板"刻度在一条直线上进行读数,精确至0.1 cm	3	未规范读数扣2分;未精确至0.1 cm扣1分			
	体重 测量	高精准的家用电子体重秤可精准测量到10 g,各年龄儿童均适用	1	未口述扣1分			
		铺毛巾于体重秤上,校零	2	未校零扣2分			
		脱去幼儿衣物、鞋袜至仅着单衣	2	口述和操作均未进行扣2分			
		轻抱幼儿于秤中央,口述体位或指导家长轻上轻下平稳立于秤中央	4	动作粗暴扣4分;欠标准、未口述扣2分,扣完为止			
		幼儿或家长不摇晃,身体不接触其他物品	3	未口述扣3分			
		显示稳定后读数并记录	3	显示未稳定即读数扣3分;未记录到小数点后两位,扣2分			

续表

考核内容		考核点	分值	评分要求	扣分	得分	备注
实施 (68分)	胸围测量	暴露胸部	1	操作缺失扣1分			
		口述：幼儿取坐位或平卧位，双手自然下垂或平放，平静呼吸	2	未口述扣2分；口述不全扣1分			
		用手指触摸幼儿两肩胛骨下缘，确定测量位置。口述测量方法	2	未进行扣2分；位置不对扣1分；未口述扣1分			
		站立于幼儿前方，将软皮尺零点固定于近侧乳头下缘	3	未进行或动作粗暴扣3分；站于幼儿后方扣2分，扣完为止			
		另一手将软皮尺紧贴皮肤经两肩胛下角绕至对侧乳头下缘回到零点	3	动作粗暴扣3分；皮尺未拉直或拉伸过度扣1分；未紧贴皮肤扣1分；左右不对称扣1分；皮尺滑落1次扣1分，扣完为止			
		读与零刻度相重叠的刻度值，呼气和吸气时各测一次，取平均值，精确到0.1 cm	3	读数错误扣3分；只测一次扣2分；未精确至0.1 cm扣1分			
		为幼儿穿好上衣	1	操作和口述均未进行扣1分			
	头围测量	脱去幼儿帽子，根据幼儿头发情况整理头发	1	操作缺失扣1分			
		口述：幼儿取坐位或平卧位，不合作者可由家长抱坐于家长腿上，同时家长协助固定头部	2	未口述扣2分；口述不全扣1分			
		用手指触摸幼儿两侧眉弓上缘及枕骨结节，确定测量位置。口述测量方法	2	未进行扣2分；位置不对扣1分；未口述扣1分			

续表

考核内容		考核点	分值	评分要求	扣分	得分	备注
实施 (68分)	头围测量	站立于幼儿侧前方,将软皮尺零点固定于近侧眉弓上缘	2	未进行或动作粗暴扣2分;站于幼儿后方扣1分,扣完为止			
		另一手将软皮尺紧贴头皮经枕骨结节绕至远侧眉弓上缘回到零点	4	动作粗暴扣4分;皮尺未拉直或拉伸过度扣1分;未紧贴头皮扣1分;左右不对称扣1分;皮尺滑落1次扣1分,扣完为止			
		读与零刻度相重叠的刻度值,精确至0.1 cm,记录数值	3	读数错误扣3分;未精确至0.1 cm扣1分			
		为幼儿整理头发,戴好帽子	1	操作和口述均未进行扣1分			
	整理记录	整理用物,安抚幼儿	3	无整理、安抚扣3分;整理安抚不到位扣1~2分			
		洗手	2	未正确洗手扣2分			
评价 (20分)		操作规范,动作熟练	5	操作程序缺失扣5分			
		态度柔和,有安全防范和保暖意识,与幼儿有交流	7	无交流、无口述或用肢体语言表示者扣5分			
		测量结果正确	8	—			
总分			100	—			

 知识测试

1. 测量(　　)最好在早晨、空腹、便后进行。
   A. 身高　　　　　　B. 体重　　　　　　C. 坐高　　　　　　D. 胸围
2. 一男婴,营养状况良好,头围46 cm,前囟0.5 cm,身长75 cm。最可能的月龄是(　　)。
   A. 4个月　　　　　B. 8个月　　　　　C. 10个月

D. 6个月　　　　　E. 12个月

参考答案：1. A；2. E。

任务二　生长发育指标的评价

生长发育指标的测量与评估

 学习目标

知识目标	能力目标	素质目标
熟悉生长发育评价常用方法	能正确地对幼儿生长发育进行评价	能在操作中关心和爱护幼儿

 情境导入

今天要对班上幼儿体格测量数据进行简单的分析与评价，小班3岁的明明体重14 kg，身高83 cm，头围49 cm，胸围50 cm。请问明明生长发育正常吗？根据明明的生长发育指标的评价，你能给家长什么建议？

 知识储备

一、体格生长评价的基本要求

（一）有可用的体格评价参考值

为了对儿童体格生长作出比较客观和正确的评价，必须有一个可供使用的评价参考值或参照标准。

（二）有科学的体格生长评价标准

体格生长的评价一般是通过对照某些体格生长标准，如离差法等级评价标准、百分位数法等级评价标准等，对个体幼儿和群体儿童的体格测量结果进行判断，从而作出生长水平和营养状况的评价。

（三）有准确的测量用具和统一的测量方法

为了对个体儿童生长前后进行比较和儿童之间相互比较，必须准确地测量各项体格生长指标，因而需有准确的测量工具和统一的测量方法。

（四）横向和纵向观察相结合

对个体儿童体格生长评价不能仅凭一次的测量和评价结果下结论，因为一次的测量看不出儿童的生长趋势。因此，必须定期地、连续地进行体格生长测量和评价，动态观察才能客观地、正确地反映儿童的生长发育水平。

二、体格生长的评价方法

（一）指数法

用两项指标间相互关系作比较。Kaup 指数，即 $[体重(kg)/身高(cm)^2] \times 10^4$，其含义为单位面积的体重值，主要反映体格发育水平及营养状况，尤其适用于婴幼儿。15～19 为正常，13～15 为消瘦，19～22 为优良，大于 22 表示肥胖。也可以根据标准体重来估算：①超过标准体重 20%～30% 为轻度肥胖；②超过标准体重 40%～50% 为中度肥胖；③超过标准体重 50% 为重度肥胖。

（二）生长发育图法

将儿童各项指标按不同性别、年龄绘成正常曲线图，将定期连续测量的数据每月或每年标记于图上作比较，能直观快速地了解儿童生长情况和发展趋势，及时发现偏差，分析原因，采取适当措施给予干预。我国现有的儿童体格生长标准是依据 2005 年中国九大城市儿童的体格生长发育调查的数据而制定的，评估我国儿童的营养、生长状况。

三、体格生长评估内容

（一）发育水平

将儿童某一年龄测得的某一项体格生长指标测量值与参考人群值比较，可得该儿童在该年龄的生长发育水平。其优点是简单易行，但不能预示其生长发育趋势。

（二）生长速度

定期连续地检测儿童某一年龄段的单项体格生长指标，可得知该儿童在该年龄段的生长速度。这种动态纵向观察方法可发现儿童的生长轨迹，体现个体差异，及时发现生长偏离情况。

（三）匀称速度

评估生长发育各项指标之间的比例关系，如体型、身材是否匀称等。

任务实施

一、实训要求

以小组合作形式,建议 9 人为一小组,分别扮演幼儿教师、保育员、观察员以及幼儿、家长,展示完整的生长发育指标的评价工作流程。

二、实施条件

名称	实施条件	要求
实施环境	1. 模拟房间; 2. 理实一体化多媒体教室; 3. 无线网络	干净、整洁、安全、湿度适宜,在线观看线上学习资源
实施设备	1. 照护床 1 张; 2. 桌、椅子 1 套	无损坏、松动
物品准备	1. 铅笔、签字笔、记录本; 2. 消毒剂; 3. 生长发育图	照护者自备工作服、帽子、口罩、发网、挂表等
人员准备	照护者具备幼儿保健相关知识	照护者着装整齐

三、实施步骤

(一)准备

(1)幼儿家长:情绪状态、心理状态稳定。
(2)环境:干净、整洁、安全、湿度适宜。
(3)照护者:着装整齐。
(4)物品:生长发育图、签字笔、记录本、消毒剂。

(二)计划

(1)能正确地对幼儿生长发育情况进行评价。

(2) 能根据评价表提供给家长关于幼儿的健康指导。

(三) 实施

(1) 正确填写生长发育评价表。

(2) 体格生长发育的评价：①根据测量数据计算 Kaup 指数，判断体格发育水平及营养状况；②绘制生长发育图；③根据评价结果提供给家长关于幼儿的健康指导。

(3) 整理用物、洗手、记录。

(4) 注意事项：①准备充分，图文并茂，评价内容通俗易懂，条例清晰；②教学语速宜合适，普通话标准，教态从容淡定；③及时跟幼儿家长进行互动，了解掌握情况，缓解焦虑情绪。

(四) 评价

生长发育指标的评价实训评价表

评分项目	评分标准或要求	分值	评价方式 自评 权重 20%	观察员评 权重 30%	师评 权重 50%	得分
1. 流程完成度	(1) 根据测量数据计算 Kaup 指数，判断体格发育水平及营养状况； (2) 绘制生长发育图； (3) 根据评价结果提供给家长关于幼儿的健康指导	20 分				
2. 操作规范	(1) 准备充分，图文并茂，评价内容通俗易懂，条例清晰； (2) 教学语速合适，普通话标准，教态从容淡定； (3) 及时跟幼儿家长进行互动，了解掌握情况，缓解焦虑情绪	20 分				
3. 团队合作	(1) 主动寻求团队成员的帮助； (2) 小组分工明确； (3) 评价过程配合密切	20 分				
4. 有效沟通	(1) 给予幼儿关心和安慰； (2) 及时、恰当地联系幼儿家长； (3) 表达简洁流畅，用语文明礼貌	20 分				

续表

评分项目	评分标准或要求	分值	评价方式			得分
			自评 权重 20%	观察员评 权重 30%	师评 权重 50%	
5. 人文关怀	（1）通过语气、表情、肢体动作等给予幼儿关注与呵护； （2）尊重幼儿家长的感受和诉求	10分				
6. 反思与收获	能通过在活动中的操作分析总结出经验与不足	10分				
综合模拟实训总分		100分	小组总得分			

知识测试

1. 对待肥胖儿童应（　　）。

A. 控制饮食，帮助肥胖儿童在能接受的情况下进行适量运动

B. 让肥胖儿童进行运动量大的活动，锻炼其身体

C. 让肥胖儿童少吃东西

D. 给肥胖儿童吃减肥药

2. 按公式推算，儿童2岁以后平均每年身高增长为（　　）。

A. 3 cm B. 4 cm C. 5 cm D. 6 cm

3. 儿童体重在2岁至青春前期每年增长约（　　）。

A. 1 kg B. 2 kg C. 3 kg

D. 4 kg E. 5 kg

参考答案：1. A；2. D；3. B。

项目二 体温测量与物理降温

```
项目二 体温测量与物理降温 ─┬─ 任务一 体温测量
                          └─ 任务二 物理降温
```

 项目描述

在日常生活中，各种原因引起的体温异常是不可避免的，特别是幼儿期，机体功能尚未发育完善，体温异常现象时有发生，如果不进行及时的干预和护理，容易造成严重后果。家长或幼儿园老师等幼儿照料者必须要学会科学地判断和处理各种体温异常情况，为幼儿的生命健康安全和生长发育保驾护航。

本项目主要包括体温测量和物理降温两个方面的内容。

任务一 体温测量

体温测量

 学习目标

知识目标	技能目标	素养目标
了解体温的含义、常见体温计及其使用方法，熟记幼儿正常体温值的范围	能熟练运用常见体温计对幼儿进行正确的体温测量、判断幼儿体温有无异常	能在操作过程中关爱和保护幼儿

 情境导入

花花老师是一名幼儿园实习老师，今天她接到一个任务，需要对班上的小朋友进行一次体温测量。由于不是很熟悉幼儿园体温测量工作流程，她特意请教了经验丰富的指导老师罗老师。

如果你是花花老师,你要怎样给幼儿测量体温。

 知识储备

一、体温基本知识

机体内部的温度称为体温。正常人的体温是相对恒定的,它通过大脑、下丘脑的体温中枢调节和神经体液的作用,使人体温度保持动态平衡。体温的记录单位为"摄氏度",符号为"℃"。

体温是人类生命活动状态的重要指标之一,分为体表温度和体核温度,体核温度指机体深部,包括心、肺、脑等器官的温度。体核温度比体表温度高,且比较稳定,但由于体核温度不易测量,临床上常以口腔、直肠、腋下等处的温度代表体温。正常体温会在一昼夜之间呈周期性波动,但正常情况下的日差不超过 1 ℃。

二、常见体温测量的部位

(一)腋下

体温测量最常见的部位,使用水银体温计进行测量。这种测量方法方便、卫生,腋下温度也比较接近人体内环境温度。但在测量时应保持腋下干燥,被测者需用上臂夹紧温度计,使之紧贴自己的胸侧面。此法可适用于各年龄段的婴幼儿,测量时间为 5~10 分钟。

(二)口腔

测量时需将水银体温计的水银端放于舌下,紧闭口唇、用鼻呼吸,测量时间保持在 3~5 分钟。此法一般用于 3 岁以上孩子体温测量,测量前必须保证体温计的消毒卫生,如果孩子刚喝完冷/热饮料,需等待 30 分钟后再进行测量。

(三)直肠

直肠测温时需在体温计上抹上润滑剂,然后插入孩子肛门内 1~2 cm,以看不见体温计的银色尖端为宜,测量时间在 3 分钟左右,一般用于年龄较小、昏迷或特别不配合的孩子。

(四)耳内鼓膜

使用耳温枪测温时,需将耳温枪放入外耳道内,确保红外线可以感应到鼓膜温度,按下测温键,当听到"哔"一声时,表示测量完成。

(五)额头

将红外线额温枪对准前额中心位置,距离大约为 5 cm,按下测温键即可完成测量,测量时额头应保持干燥且无头发遮挡。

除以上常见测温部位以外,还可进行颌下及腹股沟测温,但一般情况下使用较少。

三、常见体温计的使用方法

(一) 玻璃水银体温计

可测量部位为腋下、口腔和直肠,较常用的是腋下温度的测量。使用时手持体温计的无水银端,甩动体温计使水银指数降到 35 ℃ 以下,保持腋下干燥,将体温计的水银端夹紧于腋下并保持 5～10 分钟。

(二) 电子体温计

使用前先用酒精对体温计头部与幼儿皮肤接触的地方进行消毒,然后打开体温计确认其处于正常工作状态(待测状态),测量部位与水银体温计相同,测量时间一般为 1～3 分钟。

(三) 红外线体温计

测温时,用手握住测温仪手柄,将测温仪对准目标部位,食指按住开关进行测量,松开开关后屏幕显示测量温度,一般测量时间为 3～5 秒。

玻璃水银体温计

红外线体温计

四、体温测量的方法及注意事项

(一) 水银体温计

水银体温计测量体温一般有三种方法,分别为口腔测温、腋下测温和直肠测温。

注意事项:在测量前须检查体温计有无破损,水银柱刻度是否在 35 ℃ 以下,如超过 35 ℃,需甩动到 35 ℃ 以下方可使用;测温前还需观察或询问婴幼儿情况,如有进食、饮水、剧烈运动、哭闹或洗澡等行为,需休息片刻或安静后再测量;整个过程要有专人守护,避免发生意外,测量后须做好记录并及时对体温计进行消毒。

具体测量方法如下。

1. 口腔测温

将消毒后的体温计置于幼儿舌下,让其紧闭口唇,用鼻呼吸,3~5分钟后读数,正常值在36.3~37.2 ℃之间。昏迷、意识不清或3岁以下幼儿不适用此法,以免将体温计咬碎,发生危险。

2. 腋下测温

将消毒后的体温计的水银端放至幼儿腋下最顶部后夹紧,确保水银端与皮肤紧贴并被皮肤全部覆盖。全程保持稳定状态,需注意腋下是否干燥,如有汗液则需要擦干,在安静状态下测量5~10分钟后拿出读数,正常值在36~37 ℃之间。腋下测温是最常用的体温测量方法,方便、准确、卫生、便捷。

3. 直肠测温

将消毒后的体温计圆钝端涂抹润滑剂,然后缓缓插入肛门,对婴幼儿来说,不宜太深,以看不见体温计的银色端为宜。测量时间在3分钟左右,正常值为36.5~37.7 ℃。

(二)电子体温计(以腋下测温为例)

电子体温计也可以用于口腔、腋下以及直肠等部位的体温测量。但一般情况下,腋下测温比较常用,因为腋下测温相对比较准确,受外界因素影响小,也比较快捷方便。具体步骤如下。

(1)打开电子体温计开关,检查显示器是否正常,确认可以正常使用。

(2)用酒精棉球消毒体温计头端。

(3)用干毛巾擦掉幼儿腋下的汗液或污物,再紧闭腋下5分钟。

(4)将感温探头放在幼儿腋下中央并夹紧,保持1分钟左右,听到提示音后取出。

(5)做好体温记录,正常范围为36~37 ℃。

(三)红外线体温计(以额温枪为例)

(1)检查额温枪是否能正常使用并做好消毒清洁。

(2)观察评估幼儿情况,确保幼儿无哭闹、额头干燥、额前无头发遮挡,防止误差。

(3)将额温枪红外线感应区对准幼儿前额中央,二者距离3~5 cm,扣动扳机,读取读数并做好记录(可多次测量取平均值)。

任务实施

一、实训要求

以小组合作形式,建议 5~6 人为一小组,分别扮演幼儿教师、保育员、观察员以及幼儿,自拟情境并结合幼儿体温测量的方法和注意事项,模拟幼儿体温测量的全过程。

二、实施条件

环境准备	婴幼儿卫生保健室、理实一体化多媒体教室
设备准备	物品柜、座椅、幼儿仿真模型
物品准备	水银体温计、电子体温计、红外线体温计各1支,消毒酒精棉,记录笔,幼儿体温登记表
人员准备	照护者具备体温测量的操作技能和相关知识

三、实施评价

体温测量实训评价表

评分项目	评分标准或要求	分值	评价方式			得分
			自评	观察员	师评	
			权重 20%	权重 30%	权重 50%	
1. 流程完成度	(1) 检查体温计完好程度,评估幼儿身体状况,确定测量工具和部位; (2) 正确进行体温测量; (3) 正确读取体温计读数并做好记录; (4) 协助幼儿穿好衣服并做好体温计消毒	20分				
2. 操作规范	(1) 测量方法正确合理; (2) 测量操作完整规范	20分				
3. 团队合作	(1) 主动寻求团队成员的帮助; (2) 小组分工明确; (3) 测量过程配合密切	20分				

续表

评分项目	评分标准或要求	分值	评价方式			得分
			自评	观察员评	师评	
			权重 20%	权重 30%	权重 50%	
4. 有效沟通	（1）给予幼儿关心和安慰； （2）及时准确上报体温异常人员（保健人员和园所负责人）； （3）及时、恰当地联系体温异常幼儿的家长； （4）表达简洁流畅，用语文明礼貌	20分				
5. 人文关怀	（1）通过语气、表情、肢体动作等给予幼儿关注与呵护； （2）尊重体温异常幼儿家长的感受和诉求	10分				
6. 反思与收获	能通过在活动中的操作分析总结出经验与不足	10分				
综合模拟实训总分		100分	小组总得分			

知识测试

一、选择题

1. 给幼儿测量体温的部位不包括（　　）。
   A. 鼻孔　　　　　　B. 腋下　　　　　　C. 口腔　　　　　　D. 肛门
2. 使用水银体温计给幼儿测腋温，最佳的测量时间为（　　）。
   A. 1～3分钟　　　　B. 3～5分钟　　　　C. 5～10分钟　　　　D. 10分钟以上

参考答案

1. 答案：A。
   解析：幼儿常见体温测量部位有腋下、口腔、直肠（肛门）、耳内鼓膜、额头等，不包括鼻孔。

2. 答案:C。

解析:水银体温计测腋温时间应该在5～10分钟。

二、判断题

1. 发热是一种病。(　　)
2. 通常采用肛温大于等于38 ℃或腋温大于等于37.5 ℃定义发热。(　　)
3. 每种体温计测量出的温度是没有差别的,参考标准都一样。(　　)

参考答案:1.×;2.√;3.×。

任务二　物理降温

体温异常处理

 学习目标

知识目标	技能目标	素养目标
了解幼儿发热的原因、过程及表现,知道物理降温的原理	能说出常见的物理降温方法,并进行正确的物理降温操作	能在操作过程中关爱和保护幼儿

 情境导入

平时活泼好动的中班幼儿聪聪,今天到幼儿园后表现和往常不太一样,看起来无精打采,也不和小伙伴一起游戏了,坐在教室里一动不动,老师走过去摸了摸他的额头,感觉有些发热,用体温计测量显示体温为38.2 ℃。

如果你是聪聪的老师,应该怎样处理这种情况?

 知识储备

一、发热的定义及分度

发热指的是由各种原因导致机体温度升高超过正常范围的情况,一般当腋下温度超过37 ℃或口腔温度超过37.3 ℃,一昼夜体温波动在1 ℃以上,可以判断为发热。

发热分度及标准:低热(37.3～38 ℃)、中热(38.1～39 ℃)、高热(39.1～41 ℃)、超高热(41 ℃以上)。

二、幼儿发热常见原因

(一) 感染性因素

感染性发热可因各种病原体,如病毒、细菌、支原体、螺旋体、真菌、寄生虫等引起,幼儿发热多由感染性因素所致。

(二) 非感染性因素

如无菌性坏死物质吸收,抗原抗体反应,内分泌代谢障碍,皮肤散热减少,体温调节中枢功能失常,自主神经功能紊乱等引起的发热。

三、幼儿发热过程及表现

发热过程包括体温上升期、高热持续期和退热期三个阶段。

(一) 体温上升期

产热大于散热,主要表现为疲乏无力、皮肤苍白、干燥无汗,畏寒甚至寒战。

(二) 高热持续期

产热和散热在较高水平趋于平衡,主要表现为面色潮红、皮肤灼热、口干舌燥、头晕头痛、食欲下降、全身不适、呼吸和脉搏加快。

(三) 退热期

散热大于产热,体温趋于正常,表现为大量出汗、皮肤潮湿。此时由于大量出汗带来体液流失,易出现虚脱或休克现象,应加强观察和护理。

四、安全有效的物理降温方法

当幼儿出现发热症状时,照护者应及时采取安全、有效的方法帮助其降温,保障幼儿生命健康安全。物理降温是幼儿发热时最常使用的一种安全有效的降温方法,如冷敷、温水擦浴等,当幼儿体温未超过38.5 ℃时,照护者可采用物理降温的方式快速降温,同时还可采用松解衣被、喝温开水等方式来促使幼儿体温下降。

(一) 冷敷

头部冷敷适合体温并不是特别高的幼儿,方法是将毛巾用凉水浸湿后敷在幼儿的前额部,每5～

10分钟更换一次。

（二）温水擦浴

温水擦浴适合于高热幼儿的降温，方法是用32~34 ℃左右的温水擦拭幼儿的全身皮肤，重点擦拭腋窝、颈部、腹股沟、手脚心等部位，胸腹部对冷刺激敏感，最好不要擦拭，出疹的幼儿发热时不要用温水擦浴降温。

任务实施

一、实训要求

以小组合作形式，建议5~6人为一小组，分别扮演幼儿教师、保育员、观察员以及幼儿，自拟情境，并结合幼儿物理降温的方法和注意事项，模拟物理降温的全过程。

二、实施条件

环境准备	婴幼儿卫生保健室、理实一体化多媒体教室
设备准备	照护床1张、座椅、幼儿仿真模型（体温显示为38.2 ℃）
物品准备	小毛巾若干、脸盆1个、大毛巾1张、体温计1支
人员准备	照护者具备物理降温的操作技能和相关知识

三、实施评价

物理降温实训评价表

| 评分项目 | 评分标准或要求 | 分值 | 评价方式 | | | 得分 |
			自评 权重 20%	观察员评 权重 30%	师评 权重 50%	
1. 流程完成度	（1）评估幼儿身体状况，确定物理降温方法； （2）正确进行物理降温操作； （3）降温过程中关爱和保护幼儿	20分				
2. 操作规范	（1）降温方法正确合理； （2）降温操作完整规范	20分				

续表

评分项目	评分标准或要求	分值	评价方式			得分
			自评	观察员评	师评	
			权重 20%	权重 30%	权重 50%	
3. 团队合作	（1）主动寻求团队成员的帮助； （2）小组分工明确； （3）降温过程配合密切	20分				
4. 有效沟通	（1）给予幼儿关心和安慰； （2）及时、恰当地联系幼儿家长； （3）表达简洁流畅，用语文明礼貌	20分				
5. 人文关怀	（1）通过语气、表情、肢体动作等给予幼儿关注与呵护； （2）尊重幼儿家长的感受和诉求	10分				
6. 反思与收获	能通过在活动中的操作分析总结出经验与不足	10分				
综合模拟实训总分		100分	小组总得分			

 知识测试

1. 幼儿发热的病因多见于（　　）。
   A. 感染　　　　　　　　　　　　B. 变态反应
   C. 内分泌代谢障碍　　　　　　　D. 体温调节中枢功能紊乱

2. 幼儿出现发热症状，（　　）可判断为高热。
   A. 38.5～39.5 ℃　　B. 41 ℃以上　　C. 39.1～41 ℃　　D. 38.5～40 ℃

3. 降温的方法有两种：物理降温和药物降温，对幼儿来说，若体温不是特别高，应尽量采取（　　）的方法。
   A. 药物降温　　B. 物理降温　　C. 冷敷　　D. 温水擦浴

4. 物理降温温水擦浴时，水温为（　　）。
   A. 28～30 ℃　　B. 34～36 ℃　　C. 30～32 ℃　　D. 32～34 ℃

参考答案

1. 答案:A。

解析:幼儿发热多因病毒、细菌、支原体等感染性因素所致。

2. 答案:C。

解析:幼儿发热分度具体为低热(37.3～38 ℃)、中热(38.1～39 ℃)、高热(39.1～41 ℃)、超高热(41 ℃以上)。

3. 答案:B。

解析:对学前幼儿来说,体温不是特别高,物理降温是最安全有效的降温方法,冷敷和温水擦浴都属于物理降温。

4. 答案:D。

解析:温水擦浴的水温最好保持在32～34 ℃。

项目三 幼儿传染病防护

项目描述

幼儿因为机体发育不成熟,抵抗力较弱,更容易成为传染病侵袭的对象。对于幼儿园来说,更不容忽视传染病的威胁。《幼儿园教育指导纲要(试行)》(教基〔2001〕20号)指出:幼儿园要把幼儿的健康安全放在首位。为了每一个幼儿都能健康成长,应树立好正确的目标,把平时的卫生消毒工作做得更细、更实,就可以有效地预防和控制传染病的发生,不让传染病在园内流行。

本项目重点学习幼儿园常见的手足口病和水痘这两种传染病的防护。

任务一 手足口病的防护

手足口病的防护

学习目标

知识目标	技能目标	素养目标
1. 清楚传染病的基本知识。 2. 了解手足口病的表现性状,能及时发现此类传染病	能正确完成幼儿手足口病的防护	1. 具有良好的沟通和解决问题的能力。 2. 能在日常生活中关心、照顾幼儿

情境导入

早上晨检的时候,圆圆老师发现班上的幼儿毛毛精神状态不好,口腔黏膜有小疱疹,并伴有轻咳、流鼻涕和咽痛,圆圆老师怀疑小朋友患了手足口病。

如果你是保育员,请问你该如何处理这种情况?

知识储备

幼儿抵抗力低下,容易受传染病侵害,作为照护者,我们应当了解传染病,懂得怎么防护,使幼儿尽可能不被传染。

一、传染病基本知识

(1)传染病的定义:由各种致病性微生物感染人体后产生的有传染性的疾病。

(2)传播途径:消化道传播、接触传播、呼吸道传播、血液传播、飞沫传播、性传播、母婴传播、虫媒传播等。

(3)治疗原则:不同于其他疾病的治疗方式,传染病必须与隔离消毒、检疫、流行病学调查、卫生宣传教育等各项防疫措施紧密结合才能控制其蔓延,从而达到未病先防、已病早治、彻底治愈的目的。

(4)预防:管理传染源、切断传播途径、保护易感人群。

二、手足口病基本知识

手足口病是一种发疹性传染病,一年四季都可能发病,但以夏秋季节患病最多,任何年龄均可发病,尤其是3岁以下的孩子。手足口病主要通过消化道、呼吸道和密切接触等途径传播。临床主要表现为发热、口腔和四肢末端的斑丘疹、疱疹,重者可出现脑膜炎、脑炎、脑脊髓炎、肺水肿和循环障碍等。致死原因主要为脑干脑炎及神经源性肺水肿。由于病毒的传染性很强,常常在托幼机构造成流行。病毒寄生在患儿的咽部、唾液、疱疹和粪便中,不仅可通过唾液、喷嚏、咳嗽、说话时的飞沫传染给别的孩子,还可通过手、生活用品及餐具等间接传播。一旦流行,就会使很多孩子被感染,被感染的孩子会在手、足皮肤或口腔黏膜上出现类似水痘样的小疱疹。

三、手足口病的表现

手足口病的潜伏期多为2~10日,平均3~5日。根据疾病的发生发展过程,临床症状体征将手足口病分期、分型如下。

第1期(出疹):主要表现为发热,手、足、口、臀等部位出疹,可伴有咳嗽、流涕、食欲不振等症状。部分病例仅表现为皮疹或疱疹性咽峡炎,个别病例可无皮疹。

第2期:少数病例可出现中枢神经系统损害,多发生在病程1~5日内,表现为精神差、嗜睡、吸吮无力、易惊、头痛、呕吐、烦躁、肢体抖动、肌无力、颈项强直等。此期属于手足口病重症病例重型,大多数可痊愈。

第3期:多发生在病5日内,表现为心率和呼吸增快、出冷汗、四肢末梢发凉、皮肤发花、血压升高。此期属于手足口病重症病例危重型。及时识别并正确治疗,是降低病死率的关键。

第4期：可在第3期的基础上迅速进入该期。临床表现为心动过速、呼吸急促、口唇紫绀、咳粉红色泡沫痰或血性液体、血压降低或休克，亦有病例以严重脑功能衰竭为主要表现，临床可见抽搐、严重意识障碍等。此期属于手足口病重症危重型，病死率较高。

第5期：体温逐渐恢复正常，对血管活性药物的依赖逐渐减少，神经系统受累症状和心肺功能逐渐恢复，少数可遗留神经系统后症。部分手足口病例在病后2～4周有脱甲的症状，新甲于1～2月长出。大多数患儿愈后良好，一般在1周内痊愈，无后症。

四、保教老师防护工作内容

（一）教师

（1）能认真按规定完成晨、午、晚检，接触幼儿前应清洁双手。

（2）能正确识别幼儿手足口病的临床表现，一旦发现有幼儿疑似患病要及时隔离，要求家长及时带幼儿去医院诊治并将结果告知幼儿园，待幼儿痊愈后方可来园（管理传染源）。

（3）能教给幼儿养成良好卫生习惯，做到饭前便后洗手、外出回家洗手。

（4）能教给幼儿进食前洗手、不喝生水、不吃生冷食物的习惯。

（5）能教给幼儿不与他人共用毛巾或其他个人物品的习惯。

（6）能教给幼儿打喷嚏、咳嗽时用纸巾捂住口鼻，不随地吐痰的习惯。

（7）能教育幼儿不在传染病多发季节去人多的地方逗留。

（8）向家长或监护者宣传手足口病的预防措施。

（二）保育员

（1）能正确完成活动室、寝室、盥洗室、公共区域等地方的清洁与消毒（切断传染途径）。

（2）能保持每日开窗通风2次，保持空气清新。

（3）能及时完成幼儿床上用品、玩具、餐具等幼儿用物的消毒。

（4）能正确完成幼儿餐具的消毒。

（5）班上出现疑似病例，应对全班物品进行全面消毒。

五、常用消毒方法

煮沸消毒	适用于餐具、衣服等物品的消毒
日光暴晒	适用于衣服、被褥、书籍、玩具等物品的消毒
擦拭消毒	适用于家具表面等的消毒
喷雾消毒	适用于室内空气、居室表面的消毒

知识拓展

消毒工作操作规范

1. 室内外环境每日用消毒液擦拭清扫（比例1∶100的84消毒液），保持整齐清洁。室内空气流通，冬季每半日通风一次，每次通风10～15分钟。夏季要安装防蚊、蝇、鼠、蟑螂等病媒动物的设施。垃圾要有专门容器集中存放。

2. 儿童使用的餐具要每餐消毒：餐具、水杯每天用消毒柜消毒；毛巾每天用1∶200消毒液进行浸泡消毒；图书、玩教具每周消毒一次。

3. 厕所要儿童专用，并定期刷洗消毒，保持无异味。活动室、寝室、盥洗室及其他辅助教室每日用紫外线灯照射（时间不低于40分钟）进行空气消毒。使用自动饮水机的园所，保育员负责每月对饮水机进行一次清洗和消毒，并详细记载消毒记录。

4. 口杯消毒：每日早晚用流水清洗口杯，每日消毒一次。

5. 毛巾消毒：擦手毛巾要求每日消毒一次，每周清洗、暴晒一次。

6. 桌椅消毒：要求每日用消毒液擦一次。

7. 门把手消毒：教学区幼儿在园期间，用消毒液擦洗一次，生活区幼儿每次回寝前，用消毒液擦洗。

8. 玩具消毒：幼儿玩具每周用消毒液浸泡一次，并晒干。

9. 厕所消毒：保持厕所清洁卫生，每日用清水和消毒水冲洗消毒。

10. 床上用品消毒：床单、被套每月清洗、消毒一次，枕套每月两次；被子、垫被、枕头每月至少暴晒一次。

任务实施

一、实训要求

以小组合作形式，建议7人为一小组，分别扮演幼儿教师、保育员、观察员以及幼儿，展示完整的手足口病的防护工作流程。

二、实施条件

环境准备	理实一体化教室，环境干净、整洁、安全、温湿度适宜
物料准备	幼儿餐桌、84消毒液、手帕两块、专用水桶、工作服、帽子、口罩、塑胶手套、签字笔、记录本、手消毒剂
人员准备	照护者着装整齐，洗手、剪指甲，具备餐后指导的相关知识

三、实施评价

手足口病的防护实训评价表

评分项目	评分标准或要求	分值	评价方式			得分
			自评	观察员评	师评	
			权重 20%	权重 30%	权重 50%	
1. 流程完成度	能完整完成桌面消毒工作流程	20 分				
2. 操作规范	流程完整、动作熟练、无技术性错误	20 分				
3. 团队合作	（1）小组分工明确； （2）应对过程配合密切	20 分				
4. 有效沟通	表达简洁流畅，用语文明礼貌	20 分				
5. 人文关怀	能在日常活动中细心观察幼儿情况，给予幼儿关心和安慰	10 分				
6. 反思与收获	能通过在活动中的操作分析总结出经验与不足	10 分				
综合模拟实训总分		100 分	小组总得分			

 知识测试

1. 日晒消毒法主要用于（　　）。
   A. 衣物　　　　B. 被褥　　　　C. 图书
   D. 玩具　　　　E. 以上都是正确答案
2. 传染病的预防措施不包括（　　）。
   A. 管理传染源　　B. 紧闭门窗　　C. 切断传播途径　　D. 保护易感人群
3. 关于手足口病皮疹的描述哪个是错误的？（　　）
   A. 以斑丘疹和疱疹为主　　　　　　B. 皮疹一般不结痂、不留疤痕
   C. 出诊部位在手、足、口、臀　　　D. 与药疹类似

参考答案：1. E；2. B；3. D。

任务二　水痘的防护

水痘的防护

 学习目标

知识目标	技能目标	素养目标
了解水痘的表现性状,能及时发现此类传染病	能正确完成幼儿水痘的防护	1. 具有良好的沟通和解决问题的能力。 2. 能在活动细节中关心幼儿

 情境导入

梅梅活泼好动,喜欢到热闹的地方玩耍,早上晨检的时候,王老师发现梅梅神情烦躁,一直在身上抓挠,王老师检查了梅梅的身体,发现她的背上有几个水疱,胸背部有红色皮疹,王老师怀疑梅梅患上了水痘。

如果你是保育员,请问你该如何处理这种情况?

 知识储备

一、水痘科普知识

水痘是由水痘-带状疱疹病毒引起的一种急性呼吸道传染病。水痘是原发性感染,临床上以轻微的全身症状和皮肤、黏膜分批出现迅速发展的斑疹、丘疹、疱疹与结痂为特征。如果不把痘抓破,治疗康复后一般不会留下疤痕。

传播方式:飞沫和直接接触传播,或接触被污染的物品间接传播。

二、水痘的表现

(1) 人群易感性:人群普遍易感,主要见于儿童,以 2~6 岁儿童为发病高峰。

(2) 流行特征:水痘一年四季都可发生,以冬、春季为主。感染后可获得持久免疫力,之后再患水痘者极少见。

潜伏期为10~21日,一般为14~16日。典型水痘患者表现:婴幼儿出疹前可有低热、烦躁、食欲减退等症状,1~2日后出现皮疹。

水痘发病较急,前驱期有低热或中度发热、头痛、肌痛、关节痛、全身不适、食欲不振、咳嗽等症状,起病后数小时,或在1~2天内即成批出现周身性红色斑丘疹、疱疹(疱疹为椭圆形,直径3~5 mm,周围有红晕,疱疹壁易破、疱内液体先为透明,很快变混浊,疱疹处常伴瘙痒。1~2日后疱疹从中心开始干枯、结痂,红晕消失。1周左右痂皮脱落愈合,一般不留瘢痕)、痂疹为特征的发疹情况,有明显瘙痒感。皮疹首先出现于面部、头皮和躯干,分布呈向心性,以发际、胸背较多,四肢面部较少,手掌足底偶见。水痘多为自限性疾病,10日左右可自愈。

三、保教老师防护工作内容

(一) 教师

(1) 认真完成晨、午、晚检,接触幼儿前应清洁双手(避免感染和交叉感染)。

(2) 能正确识别水痘的临床表现,一旦发现有幼儿疑似患病要及时隔离,要求家长及时带幼儿去医院诊治并将结果告知幼儿园,待幼儿痊愈后方可来园(管理传染源)。

(3) 能教育幼儿养成良好卫生习惯,做到饭前便后洗手、外出回家洗手,不要养成揉鼻子、抠鼻子的坏习惯。

(4) 能教育幼儿养成进食前洗手、不喝生水、不吃生冷食物的习惯。

(5) 能教育幼儿养成不与他人共用毛巾或其他个人物品的习惯。

(6) 能教育幼儿不在传染病多发季节去人多的地方逗留。

(7) 向家长或监护者宣传水痘的预防措施,提醒家长按时带幼儿接种水痘减毒活疫苗。

(二) 保育员

(1) 能正确完成活动室、寝室、盥洗室、公共区域等地方的清洁与消毒(切断传染途径)。

(2) 能保持每日开窗通风2次,保持空气清新。

(3) 能及时完成幼儿床上用品、玩具、餐具等幼儿用物的消毒。

(4) 能正确完成幼儿餐具的消毒,接触已消毒餐具前要充分清洁双手。

(5) 班上出现疑似病例,应将患儿接触过的衣服、毛巾、玩具、被子等物品暴晒2小时,餐具要煮沸消毒。

 任务实施

一、实训要求

以小组合作形式,建议7人为一小组,分别扮演幼儿教师、保育员、观察员以及幼儿,展示完整的水痘的防护工作流程。

二、实施条件

环境准备	理实一体化教室,环境干净、整洁、安全、温湿度适宜
物料准备	84消毒液、口罩、塑胶手套、签字笔、记录本、免洗手消毒剂、手电筒、压舌板、温盐水、退热贴、体温计、抗生素软膏等
人员准备	照护者着装整齐,洗手、剪指甲,具备水痘防护相关知识

三、实施评价

水痘的防护实训评价表

评分项目	评分标准或要求	分值	评价方式 自评 权重 20%	评价方式 观察员评 权重 30%	评价方式 师评 权重 50%	得分
1. 流程完成度	能完整完成水痘防护工作流程	20分				
2. 操作规范	辨别水痘、完成对患儿的护理和物品的消毒	20分				
3. 团队合作	(1)小组分工明确; (2)应对过程配合密切	20分				
4. 有效沟通	表达简洁流畅,用语文明礼貌	20分				
5. 人文关怀	能在日常活动中细心观察幼儿情况,给予幼儿关心和安慰	10分				
6. 反思与收获	能通过在活动中的操作分析总结出经验与不足	10分				
综合模拟实训总分		100分	小组总得分			

知识测试

1. 冉老师在晨检时发现幼儿口腔内部有红色,立即将幼儿带到隔离室,这是为了(　　)。
   A. 管理传染源　　　B. 切断传播途径　　　C. 保护易感人群　　　D. 以上都是
2. 皮疹向心性分布(即躯干多,面部、四肢较少,手掌、脚掌更少)的疾病是(　　)。
   A. 皮疹　　　　　B. 水痘　　　　　　C. 手足口　　　　　D. 猩红热
3. 关于预防水痘的描述哪个是错误的?(　　)
   A. 水痘患儿接触过的物品应放置在一边
   B. 水痘流行季节,避免带幼儿去公共场所
   C. 勤洗手,不揉鼻子、抠鼻子
   D. 按时为幼儿接种水痘减毒活疫苗

参考答案:1. D;2. B;3. A。

模块三
安全防护

模块导学

项目一　安全防护教育

项目描述

《幼儿园教育指导纲要（试行）》（教基〔2001〕20号）明确指出："幼儿园必须把保护幼儿的生命与促进幼儿的健康放在工作的首位。"指明了安全防护教育在幼儿园工作中的重要性。保证幼儿健康与安全是幼儿园工作的首要任务与重要职责，是摆在每一位幼教工作者心中的头等大事。幼儿期是人生长发育最迅速、最基础时期，幼儿期健康发展是孩子今后发展的根本基础，但由于幼儿年龄小，生活经验贫乏，自我保护能力有限，缺乏基本防范意识，自我保护意识弱，因此幼儿期是人一生中最容易出现事故与危险的时期。

本项目分为幼儿安全防护和幼儿安全教育两部分。

任务一　幼儿安全防护

常见幼儿安全防护

学习目标

知识目标	技能目标	素养目标
清楚幼儿常见安全防护的要点	1. 识别幼儿园中存在的安全风险点。 2. 能在一日生活的各环节中做好幼儿安全防护工作	能在相关操作中关心、保护好幼儿

情境导入

某幼儿园中班的小朋友正在操场开展户外体育活动，萌萌小朋友趁老师不注意，到活动场地旁边的滑梯玩,不慎从未固定好的滑梯上摔下,并被倾倒的滑梯压住,造成伤残。该滑梯是幼儿园本学期新购的设施,上周发现滑道和滑梯平台间出现断裂,园方已在滑梯四周围上栏杆,并在旁边和滑梯口出示"禁止攀爬"的警示牌,通知各班老师不能让幼儿玩滑梯。你觉得,这样的事故是否能避免呢?

知识储备

幼儿的安全防护关系到方方面面,要从幼儿饮食、睡眠、盥洗、游戏等各个方面认真做好防护。

一、饮食防护

(1) 幼儿食物要保持干净和新鲜,防止污染变质,不能吃过夜食物,每餐的食品要留样待查。

(2) 进餐环境干净、明亮,进餐氛围安静而愉悦,进餐时不要逗笑或打骂幼儿,幼儿激动时可能会导致食物误入气道,引起窒息。

(3) 热汤、热粥、热水瓶要远离幼儿,以免烫伤。

(4) 白开水是儿童的最佳饮品,白开水不仅能满足儿童对水的生理需要,还能为他们提供一部分矿物质和微量元素,不管是碳酸饮料还是营养保健型饮料,都不宜代替自来水作为人的主要饮用水。有喝饮料习惯的孩子,常常会食欲不振、多动、脾气乖张、身高体重不足。

(5) 过量吃冷饮有损健康。夏天人体胃酸分泌减少,消化系统免疫功能有所下降,而此时的气候条件恰恰适合细菌的生长繁殖。因此,夏季是消化道疾病多发季节。过量吃冷饮会引起儿童胃肠道内温度骤然下降,局部血液循环减缓等症状,可能会导致儿童消化功能紊乱、营养缺乏和经常性腹痛。

(6) 易拉罐饮料对儿童有危害。若常饮易拉罐饮料,可能造成铝元素摄入过量。铝元素摄入过量可能导致儿童智力下降、行为异常,不利于儿童骨骼及牙齿发育。

(7) 长期饮用矿泉水会引发疾病。矿泉水与自来水主要区别在于其中某些矿物质或微量元素的含量高,对特定人群有保健作用。如果矿物质和微量元素长期过多地沉积在人体,可能会引发某种疾病,最常见的疾病就是肾结石。

(8) 膨化食品尽量少吃或不吃。油炸薯条、雪饼、薯片等这些都是孩子们喜欢的膨化食品。检测显示,膨化食品虽然口味鲜美,但从成分结构来看,属于高油脂、高热量、低粗纤维的食品。长期大量食用膨化食品会造成油脂、热量吸入高,粗纤维吸入不足。若运动不足,会造成人体脂肪积累,出现肥胖。

(9) 营养补品不能随意吃。这些补品对成人可能有益,但对儿童却经常会引发很多不良的后果,如食欲下降和性早熟。

(10) 常吃果冻会阻碍营养吸收。果冻内含的海藻酸钠、琼脂等虽属膳食纤维类,但吸收过多会影响脂肪、蛋白质的吸收,尤其是会使铁、锌等无机盐结合成可溶性或不可溶性混合物,从而影响机体对这些微量元素的吸收和利用。

(11) 儿童不宜喝可乐、咖啡。咖啡因主要对中枢神经系统产生作用,会刺激心脏肌肉收缩,加速心跳及呼吸频率。儿童如果摄入过多的咖啡因则会出现头疼、头晕、烦躁、心跳加快、呼吸急促等症状,严重者还会出现肌肉震颤,写字时手发抖。

二、睡眠防护

（1）幼儿卧室应常常通风换气，保持空气新鲜，没有有害气体，不在幼儿卧室放置香薰、空气清新剂等物体。

（2）幼儿卧室以及幼儿床不应有尖锐的角，幼儿入睡前应保持情绪平和，不做剧烈运动，以免幼儿心情亢奋。

（3）幼儿入睡困难时，不能摇晃幼儿，经常的摇晃会使幼儿脑组织与颅骨发生撞击，可能引起脑损伤。幼儿难以入眠时，可以轻抚幼儿的身体，或者轻轻哼唱摇篮曲，安抚幼儿情绪。

（4）午餐后，带幼儿进行半小时的户外散步，饭后禁止进行剧烈运动。

（5）在午睡环节要注意检查幼儿有无带尖利和细小物品到床上。

（6）及时纠正幼儿不正确的睡眠姿势（跪睡、趴睡、蜷缩一团睡、蒙头睡）和睡眠行为（吃手指、吃被角、挖鼻孔、玩生殖器、玩玩具），幼儿入睡后要随时关注幼儿入睡情况，及时发现幼儿的异常，特别是有无发烧、意识不清或是因呕吐物堵住呼吸道等情况。

三、盥洗防护

（1）盥洗室干净、整洁、安全、温湿度适宜、空气清新、地板防滑。

（2）洗手的水温适宜，最好用流动水，洗手台无锐利尖角且高度合适。

（3）洗手水温要预先调好，一般设置为38～40 ℃，放水时先放冷水再放热水，水温没调好前，关好门，不能让幼儿接触，防止烫伤或是溺水。

（4）洗护用品放置幼儿接触不到的地方，避免幼儿误食或玩耍时不慎入眼。

（5）避免幼儿光脚进入浴室。

（6）检查浴室所用的脚垫和地毯，确定背面的橡胶状况良好且不会滑动，并检查其边缘是否磨损或撕裂，以防意外。

（7）不管是坐在椅式便器或是冲水马桶上，幼儿的坐便器坐垫要妥当地固定在马桶上，在马桶前放上一个小凳子以减少幼儿跌落的概率。

（8）浴室内所有的插座都要装上安全护盖，或者不用时用胶带封上。

（9）确定浴室的门不会让孩子自己反锁在里面，检查门锁是否可由大人从外面打开。

四、游戏防护

（1）户外环境做到无坑、无砖，地面无松动、无积水、无凸起物，及时清理会影响幼儿活动的杂物。

（2）随时检查大型器材有无螺丝松动、铁皮外露、踏板裂缝、绳网断裂等安全隐患。

（3）户外游戏时服装要简单、易穿脱，尽量不要有多余的装饰物，尽量不穿裙子、背带裤、拖鞋。

（4）户外玩耍时，视线不离开幼儿，站位最好在视野开阔的地方，幼儿教师和保育员配合确保能观察到全部幼儿，并能在发生意外的第一时间作出反应。

（5）当天身体状况不佳的幼儿，在活动中要注意减少其运动量。

(6)要及时为出汗的幼儿垫上隔汗巾,以免幼儿受凉感冒。

(7)不要利用门做游戏,容易发生手指夹伤的意外,可以在门框上安装门缝防夹手器。

(8)游戏前教给幼儿游戏规则,要求幼儿在游戏活动中遵守规则。

 任务实施

一、实训要求

以小组合作形式,建议7人为一小组,分别扮演幼儿教师、保育员、观察员,以及幼儿,展示完整的幼儿安全防护工作流程。

二、实施条件

环境准备	环境干净、整洁、安全、温湿度适宜
物料准备	幼儿大型玩具、消毒用品、签字笔、记录本、隔汗巾
人员准备	照护者着装整齐,洗手、剪指甲,具备户外活动的相关知识

三、实施评价

幼儿安全防护实训评价表

评分项目	评分标准或要求	分值	评价方式			得分
			自评	观察员评	师评	
			权重 20%	权重 30%	权重 50%	
1. 流程完成度	幼儿安全防护工作的流程完整	20分				
2. 操作规范	(1)清除安全隐患; (2)户外活动时幼儿教师和保育员的配合; (3)活动过程中对幼儿的照护	20分				
3. 团队合作	(1)小组分工明确; (2)应对过程配合密切	20分				

续表

评分项目	评分标准或要求	分值	评价方式			得分
			自评	观察员评	师评	
			权重20%	权重30%	权重50%	
4.有效沟通	(1)给予幼儿关心和安慰； (2)表达简洁流畅,用语文明礼貌	20分				
5.人文关怀	(1)语气、表情、肢体动作等温和有礼； (2)在活动过程中能发现幼儿的不适,能敏锐发现安全隐患	10分				
6.反思与收获	能通过在活动中的操作分析总结出经验与不足	10分				
综合模拟实训总分		100分	小组总得分			

知识测试

1. 儿童处在小昆虫密集的地方容易引发(　　)。

A. 气道异物　　　　B. 眼内异物　　　　C. 鼻腔异物

D. 外耳道异物　　　E. 以上都对

2. 幼儿跌伤、碰伤后容易发生(　　)。

A. 皮肤擦伤　　　　B. 骨折　　　　　　C. 脑震荡

D. 血肿　　　　　　E. 内出血

3. 下列说法正确的是(　　)。

A. 可以将幼儿独自留在公共场所游戏

B. 发生紧急情况可以将幼儿交给陌生人照看

C. 过马路、上下车、乘坐电梯时可以让幼儿独自行走

D. 流感时期应小心,避免接触到有咳嗽、打喷嚏等明显疾病症状的人

参考答案:1. D;2. ABCDE;3. D。

任务二 幼儿安全教育

幼儿安全教育

 学习目标

知识目标	技能目标	素养目标
清楚幼儿安全教育的常见内容	能组织幼儿安全教育活动	能在安全教育中关心、保护好幼儿，与幼儿交流具有足够的耐心

 情境导入

某幼儿园中班的小朋友们正在活动室自由玩耍，冬冬和小龙为一个积木玩具而争抢起来，急性子的冬冬推了小龙一把，还好小龙一个踉跄稳住了，没有摔倒。我们在日常生活中应该如何对幼儿进行安全教育呢？

 知识储备

幼儿的安全不能仅靠监护人、教师等人的防护，还要对幼儿进行必要的安全教育，使幼儿能够建立起自己的安全防护意识和方法。

一、幼儿安全教育

幼儿的活动欲望强烈，但自护意识薄弱，所以应增强安全防护意识，使幼儿掌握保护自己的技能和方法。在幼儿园的安全教育过程中，其教育的内容应该按各年龄段因材施教，同时要有效利用社区和家长的资源，以此来保证幼儿的安全。

二、幼儿安全教育要点

（一）教育幼儿不要轻信陌生人，并教给孩子简单的防护方法

（1）如果大人不在身边，有陌生人前来领你，或同你去公园玩，或说和你到父母那里去时，不要相

信陌生人的话,不要跟陌生人走,不要吃陌生人的东西。如果遇到陌生人硬拉你走,要大声叫喊周围的叔叔阿姨。

(2) 知道自己的家庭住址、家长的姓名和工作单位,并反复念叨,牢牢记住,做到准确无误。还要告诉幼儿自己家附近有什么明显的标记,有哪几趟公共汽车可以到达,万一迷路,就比较容易找到自己的父母,也可以及时安全回家。

(3) 如果遇到陌生人跟踪你,就跑到附近的商店找大人求救,也可以找巡警帮助,或者随便找一户人家,在门口假装大声叫:"爸、妈,我回来了",坏人就会吓跑了。

(二) 教育幼儿玩耍时要注意安全,教给孩子各种游乐设施的正确玩法

(1) 在玩耍、行走、坐车时不吃东西,特别是烤串、糖葫芦等带有尖锐物的食物,竹签等尖锐物不能对着身体部位,以免摔倒时伤到自己。

(2) 玩滑梯时,不能头朝下倒滑,应告诉幼儿,倒滑滑梯时,头部会先着地,这样滑下来的一切冲力就都由头部承担,再加上和地面的猛烈撞击,重则会引起脑震荡,轻则会擦破头皮引起大量出血。

(3) 玩秋千时,要保持重心稳定,并尽可能将重心后移。坐在秋千上时,双手要紧抓秋千的绳子,只要绳子不断就很安全。观看别的幼儿荡秋千时,要学会躲闪,不要被秋千撞到。

(4) 攀爬时,要在安全的专门攀爬训练点并且有监护人在旁边保护。双手抓紧之后,脚才可移动。

(5) 教育幼儿在游戏中勿推挤、拉扯、互扔东西,特别是玩沙的时候,切不可乱扔沙粒。

(三) 教会幼儿掌握基本的交通安全知识,保证幼儿安全过马路

(1) 教幼儿认识人行横道线:人行横道线是专门供行人和自行车过马路的地方。所以,并不是从任何地方都可以穿到马路对面去的,只有有人行横道线处才能穿过去。

(2) 给幼儿简单讲解马路的作用:马路是专供各种车辆和人走的地方,不可以在马路上停留或玩耍,否则既会影响车辆的正常通行,又会造成车祸。

(3) 向幼儿介绍红绿灯的作用。要让孩子知道红灯停、绿灯行,过马路的时候要前后左右看看,看见车辆、行人就要让道。

(4) 不在车辆旁边玩耍,司机叔叔在车里有些角度是看不见的,不单独过马路,不突然从路边冲过马路。

(四) 户外活动安全注意要点

(1) 教育幼儿活动前要衣着整齐,衣服束在裤子里并系紧鞋带,以防摔倒。

(2) 教导幼儿不在拥挤、有坑洞、潮湿等场地进行活动。

(3) 教导幼儿游戏中,不可随意藏在无人照顾的地方。

(4) 玩绳子时,教育幼儿不可将绳子套住脖子。

(5) 玩爬网时,要求幼儿攀爬时要双手抓牢,不推别人。

(6) 在野外旅行散步时,教育幼儿不得随便采摘花果,抓捕昆虫,更不得将异物放入口内,以防中毒等意外事故的发生。

(五) 在公共场所与大人走散时的注意要点

(1) 不要慌张,也不要哭泣,站在原地等一会儿,也许爸爸妈妈会来这里找你。

(2) 幼儿要记住爸爸、妈妈的电话号码和自己的家庭住址。知道警察叔叔的电话号码是110,有困难要求助就找警察叔叔。

(3) 带幼儿去商场,要告诉幼儿商场服务台的位置,以便走散时可以求助商场的工作人员或保安,告诉他们你和家人走散了,请他们帮忙用广播寻找。

(4) 学会识别警察、保安的服装,告诉幼儿和家长走散时,他们是可以信任的。

(5) 幼儿和大人一起出门时,要紧跟大人一起,不可跑前面或是掉后面,这样才能有效避免走散。

(六) 防火安全教育

(1) 玩火是导致火灾事故的主要原因之一,幼儿绝不能拿着打火机、打火石等工具私自点燃物品。

(2) 在室内或室外乱扔杂物也是引发火灾事故的原因之一。幼儿应养成良好的卫生习惯和整理习惯,不随意丢弃废纸、废弃品等易燃物品。

(3) 幼儿应该学会正确使用电器,并且不要在电器周围玩耍或者乱拉电线。

(4) 烟花爆竹是危险的爆炸物品,易引发火灾事故,幼儿不能私自购买、点燃或者玩耍。

(5) 一旦发生火灾事故,教会幼儿正确的逃生方法可以保证孩子们的安全。

(6) 家庭用电安全也是防止火灾事故发生的重要环节之一。幼儿应该知道如何正确使用插头、插座、电线等设备,并且不要私自动手修理电器设备。

(7) 一旦发生火灾事故,及时报警求救可以保证孩子们的安全。幼儿应该知道如何正确拨打火警电话,并且在平时进行模拟演练。

(七) 地震安全教育

1. 楼房避震

(1) 就近躲避在厨房、卫生间、储藏室等小开间房屋。

(2) 躲到内墙墙根、墙角或床、桌等相对坚硬的家具下面,千万不要跳楼。

(3) 地震过后,为防范余震,应该有序、迅速地从安全通道(楼梯)撤到楼外的空旷地带,不要乘坐电梯。

2. 教室避震

(1) 在上课时遇到地震,幼儿应就地躲避,用书包或书本护住头部躲在课桌下。

(2) 地震过后,在老师的指挥下有序地转移到操场,下楼时不要推挤,在一楼的幼儿应快速跑出教室。

3. 商场避震

在商场、展会、书店遇到地震时,要尽量躲在立柱或墙角处,避开玻璃窗、广告灯箱、高大货架、吊灯等危险物体。地震过后,听从工作人员指挥,有序撤离。

4. 剧场避震

体育馆、影剧院遭遇地震时,避震方法是护住头部,蹲或趴在排椅下面。

5. 室外避震

避开高大建筑物(特别是玻璃幕墙)、塔架、烟囱等危险物,避开山崖、陡坎,防止山石滚落和滑坡。

（八）雷雨天安全教育

（1）雷雨时最好留在室内，关好门窗，不宜进行户外活动，特别是室外球类运动。

（2）在野外无法躲入有防雷设施的建筑物内时，要将眼镜等金属物品摘掉。在空旷场地不宜打伞，穿雨衣比打伞更安全。尽量降低身体的高度，双脚尽量靠近，以减少"跨步电压"，不宜快速行走和奔跑。

（3）野外最好的防护场所是洞穴、沟渠、峡谷，切勿站立于山顶、楼顶。

（4）千万不要在离电源、大树和电杆较近的地方避雨，不要进入孤立的棚屋、岗亭等低矮建筑物。

（5）尽量减少使用电子、电器设备。

（6）不宜使用无防雷设施或防雷措施不足的电视、音响等电器，不要靠近开启的门窗、金属管道，并拔掉电器用具插头和天然气开关。

知识拓展

看看以下生活中常见的安全标志代表什么意义？

任务实施

一、实训要求

以小组合作形式,建议7人为一小组,分别扮演幼儿教师、保育员、观察员以及幼儿,展示完整的幼儿安全教育工作流程。

二、实施条件

环境准备	理实一体化教室,环境干净、整洁、安全、温湿度适宜
物料准备	汽车玩具、红绿灯模型、斑马线模型、签字笔、记录本
人员准备	照护者着装整齐,洗手、剪指甲,具备交通安全指导的相关知识

三、实施评价

幼儿安全教育实训评价表

评分项目	评分标准或要求	分值	评价方式			得分
			自评	观察员评	师评	
			权重 20%	权重 30%	权重 50%	
1. 流程完成度	能完成完整的幼儿安全教育	20分				
2. 操作规范	能使幼儿在活动中掌握相关的交通安全知识	20分				
3. 团队合作	(1) 小组分工明确; (2) 应对过程配合密切	20分				
4. 有效沟通	表达简洁流畅,用语文明礼貌	20分				
5. 人文关怀	能在教育活动中细心观察幼儿情况,给予幼儿关心和安慰	10分				

续表

评分项目	评分标准或要求	分值	评价方式 自评 权重 20%	评价方式 观察员评 权重 30%	评价方式 师评 权重 50%	得分
6. 反思与收获	能通过在活动中的操作分析总结出经验与不足	10 分				
	综合模拟实训总分	100 分	小组总得分			

知识测试

1. 幼儿园应当在（　　）、（　　）有针对性地对幼儿集中开展安全教育。新生入园后，幼儿教师应当帮助幼儿及时了解相关的幼儿园安全制度和安全规定。

2. 发生电击伤时，下列哪项是错误的？（　　）

　　A. 立即脱离电源　　　　　　　　　　B. 立即关闭电源

　　C. 用木棒等非导电物将电源分离　　　D. 雷雨天可在树下、高层建筑下避雨

3. 预防意外事故发生的措施下列哪项是正确的？（　　）

　　A. 保教人员带幼儿外出游玩应点清人数

　　B. 托幼机构门窗有插销和栏杆

　　C. 剪子、刀、针等必须放在有锁抽屉里

　　D. 热水瓶、热汤盆等放在幼儿拿不到的地方

　　E. 以上都对

4. 对有腐蚀性、毒性、易燃、易爆的物品，幼儿园应有（　　）。

　　A. 园长保管　　　B. 专人保管　　　C. 保育员保管　　　D. 教师保管

参考答案：1. 开学初、放假前；2. D；3. E；4. B。

项目二　常见伤害情景处理

 项目描述

每个幼儿教师和家长都希望孩子安全、健康地成长,但在日常生活中,发生意外伤害对幼儿来说不可避免。所以懂得如何对幼儿进行急救,正确处理常见伤害事故,最大限度地保护幼儿的生命健康对每位幼儿教师来说非常重要。

本项目重点学习气管异物、小外伤、烫伤、溺水4个幼儿园常见伤害情景的处理知识。通过本项目的学习,让学生能掌握处理常见伤害事故的技能,为幼儿的健康成长保驾护航。

任务一　气管异物的处理

气道异物的处理

 学习目标

认知目标	能力目标	素养目标
1. 能说出幼儿发生气管异物的常见原因。 2. 能识别幼儿发生气管异物的典型症状。 3. 了解幼儿发生气管异物后的危害	1. 能快速、正确地运用海姆立克急救法处理发生气管异物的幼儿。 2. 能与幼儿家长进行良好的沟通	1. 能做到在紧急情况下保持冷静。 2. 能在操作过程中关心、保护好幼儿

情境导入

某幼儿园中班的孩子们正在享用午餐,明明先吃完,就去逗身旁还在吃饭的乐乐。乐乐被明明逗笑了,突然乐乐的小脸憋得通红,表情十分痛苦,还剧烈咳嗽起来,米饭喷射而出。

请问乐乐可能遭遇了什么危险?你作为保育员,应该如何正确地处理乐乐的情况?

知识储备

一、气管异物发生的原因

在人体咽喉下,有两个并行的通道,即食道和气管,食物经过食道进入胃里,气体经过气管进入肺泡。在咽喉处,有一块如同叶片的薄片小骨,医学上称为会厌软骨。当食物和水进入时,会厌软骨盖住气管口,使食物和水进入食道,而不会误入气管。然而,幼儿的会厌软骨的工作能力不如成人的那样快捷敏感,当幼儿吃一些圆滑的物品时,稍不小心,会厌软骨就来不及盖住气管,使食物滑到气管里,发生气管异物。

学龄前幼儿由于臼齿(俗称"磨牙")尚未长出,不能细嚼所吃的食物,如花生、黄豆等圆滑类食物,幼儿难以如成人将食物磨成糊状,常以整粒或碎片进入气管。幼儿喜欢将一些小玩具,如玻璃球等含在口中,或自己抓花生米、炒黄豆、瓜子等放到嘴中,当发现幼儿嘴中有小玩具、花生米、黄豆等时切勿吓唬他们,因为幼儿在惊恐深吸气时,极易将异物吸入气管。幼儿哭闹嬉笑时也容易将食物误入气管。重症或昏迷幼儿,由于吞咽反射减弱或消失,也会将呕吐物、食物、牙齿等呛入气管。幼儿气管异物较多见的是花生米、瓜子、黄豆、核桃仁、玉米粒、图钉、小玻璃球、果冻等。

二、气管异物的症状

(一)异物进入期的表现

如果幼儿没有发病,进食中却突然出现剧烈呛咳,这是异物入气管的表现。异物进入气管后,因气管黏膜受异物刺激而引起剧烈的呛咳,可伴有呕吐、口唇发紫和呼吸困难。如果异物较大,阻塞了喉头或气管,可立即引起窒息。

(二)安静期的表现

剧烈呛咳持续几分钟或十几分钟后,咳嗽缓解、呼吸困难减轻,是由于异物停在一侧的支气管。此期可能无症状或轻度咳嗽及喘息。

（三）炎症期的表现

异物在支气管存留，刺激气管黏膜，产生炎症，如支气管炎、肺炎、肺脓肿等，出现咳嗽、喘息、呼吸困难加重、发热甚至高热等。异物堵塞支气管，气体不进入肺泡，引起肺不张。

三、气管异物的危害

人体呼吸道对所有的异物都十分敏感。如果异物较小，则容易进入支气管。幼儿开始时可能会有剧烈咳嗽、憋气、呼吸困难等症状，然后逐渐好转，但如果异物长期在支气管存留，刺激支气管黏膜，则可产生炎症，如支气管炎、肺炎、肺脓肿等，还可出现咳嗽、喘息、呼吸困难加重、发热甚至高热等症状。这种进入支气管的异物很少能自然咳出。

如果异物较大，可能会阻塞气管，幼儿可出现严重呛咳、呼吸困难等症状，甚至会因缺氧而导致窒息而死亡，即使有时能抢救成功，也常因为脑部缺氧时间过长而导致瘫痪、智力低下等后遗症。

四、气管异物的处理

（一）气管异物处理方法

气管异物在幼儿阵发性呛咳时可能会部分咳出，自然咳出的概率为1％～4％，因此大部分需要急救处理。情境导入中描述的乐乐就是典型的气管异物案例，因为吃饭时大笑饭粒被吸入气管，出现呛咳、呼吸困难现象，这时照护者现场急救采用的方法：发现幼儿气管有异物，首先要仔细检查幼儿的口腔及咽喉部，如在可视范围内发现有异物阻塞气管，可试着将手指伸到该处将阻塞物取出，如果此处理失败，则可试用拍背法或推腹法进行急救。

1. 拍背法

照护者取坐位，将幼儿放在双腿上，幼儿胸部紧贴照护者的膝部，头部略低。照护者以适当力量用掌根拍击幼儿两肩胛骨之间的脊椎部位，异物有时可被咳出。

2. 推腹法

将幼儿仰卧平放在适当高度的桌子或床上，照护者站在幼儿左侧，左手放在幼儿脐部腹壁上，右手置于左手的上方加压，两手向胸腹上后方向冲击性推压，促进气管异物被向上冲击的气流排出。如此推动数次，有时也可使异物咳出。

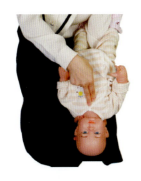

使用以上两种方法后如有异物排出,照护者要注意迅速清除口腔内阻塞物,以防再度阻塞气管,影响正常呼吸。如无效,要立即送幼儿到医院治疗。

(二)气管异物处理步骤

当发现幼儿气管中可能有异物的时候,保教人员首先应沉着冷静,根据周围残余的异物以及幼儿出现的症状迅速做出初步判断,不一定要确定异物的具体位置后再急救,而应及时根据幼儿是否有意识、是否有自主呼吸来给予紧急处理。具体可参考以下流程来处理。

第一步:快速观察现场,确保周围环境安全。

第二步:尽快进行生命体征评估和二次评估,可询问幼儿或根据幼儿身边残留的异物来弄清楚异物的性质,然后再根据具体情况选择应对措施及告知家长。

评估结果若为幼儿有意识,有自主呼吸,能咳嗽、哭闹、发声,应对措施如下。

(1)暂时不要打扰幼儿(不要直接拍背、喂食、用手抠),而应陪在其身边,给予安慰。

(2)鼓励幼儿自己利用咳嗽反射将异物咳出。

(3)密切观察幼儿的反应。

(4)如果怀疑有异物(如玩具零件)掉入幼儿的气管深处,无论异物能否咳出,均应该将幼儿送到医院接受专业的诊断及治疗,并通知其家长。

评估结果若为幼儿有意识,但不能呼吸,不能咳嗽,不能发声,则立即为幼儿实施海姆立克急救法,同时让身边的人通知120急救中心和幼儿家长。

第三步:做好事后追踪,及时了解孩子的健康状况,并与相关人员(幼儿、家长、教师)及时进行有效沟通。

第四步:上报相关机构或对外公开信息(如有必要)。

第五步:记录归档。

— 要点提示 —

(1)保教人员须谨记一点:当幼儿无自主呼吸,出现窒息时,应立即为幼儿实施现场急救,而不是急于送医院。

(2)即使幼儿气管内异物被取出,仍有必要将其送医做进一步检查。

任务实施

一、实训要求

小组以5人为单位,模拟幼儿在幼儿园吃饭时的情境,分别扮演幼儿、老师、保育员、观察员的角色,按照气管异物处理的标准步骤及应急处理要求,为发生气管异物梗阻的幼儿进行应急处理的全过程。小组模拟结束后,请使用评价表对展示组进行评价。

二、实施条件

环境准备	理实一体化教室,环境干净、整洁、安全、温湿度适宜
设备准备	幼儿仿真模型
物品准备	签字笔、记录本、消毒剂
人员准备	照护者着装整齐,洗手、剪指甲,具备处理幼儿气管异物的操作技能和相关知识

三、实施评价

气管异物的处理实训评价表

| 评分项目 | 评分标准或要求 | 分值 | 评价方式 ||| 得分 |
| | | | 自评 | 观察员评 | 师评 | |
			权重20%	权重30%	权重50%	
1. 流程完成度	模拟救助流程完整,包含以下六个步骤:观察现场→评估伤情→救助处理→沟通与疏导→上报与公开→记录归档	10分				
2. 救助措施	(1) 救助措施基于评估结果; (2) 救助步骤完整、正确; (3) 救助操作规范	30分				

续表

评分项目	评分标准或要求	分值	评价方式			得分
			自评 权重 20%	观察员评 权重 30%	师评 权重 50%	
3. 团队合作	(1) 主动寻求团队成员的帮助； (2) 小组分工明确； (3) 应对过程配合密切	20分				
4. 有效沟通	(1) 给予幼儿(包括伤病儿及其他幼儿)关心和安慰； (2) 及时、准确地上报相关人员(保健老师和园所负责人)； (3) 及时、恰当地联系伤病儿童家长； (4) 表达简洁流畅,用语文明礼貌	20分				
5. 应对效率	(1) 熟悉救助流程； (2) 救助过程效率高	10分				
6. 人文关怀	(1) 通过语气、表情、肢体动作等给予伤病儿童关注与呵护； (2) 尊重伤病儿童家长的感受和诉求	10分				
综合模拟实训总分		100分	小组总得分			

知识测试

一、选择题

1. 毛毛午餐时吃得太快,有几粒饭粒呛入气管中,顿时剧烈咳嗽起来,小脸涨得通红。李老师见状立即赶过来,她应该（　　）。

A. 立即给孩子实施立位腹部冲击

B. 立即给孩子实施仰卧位腹部冲击

C. 立即给孩子实施背部拍击与胸部按压

D. 先让孩子自己咳嗽,然后再观察

2. 丽丽在家不小心被鱼刺卡住,疼痛难忍,咳嗽了很久也没有排出鱼刺。丽丽妈妈打电话向老师求助,如果你是老师,你会建议（　　）。

A. 让孩子张嘴,再用手指深入孩子口中尝试扣出鱼刺

B. 让孩子吞饭团将鱼刺压下去

C. 让孩子喝大量食醋

D. 让孩子张嘴,检查鱼刺大小和所在位置,尽量送医处理

3. 孩子将异物吞入消化道后,可能出现的症状不包括（　　）。

A. 吞咽梗阻感或吞咽困难

B. 咽部疼痛

C. 吐出血水,颈部向前拉伸

D. 大便时带有鲜血

4. 海姆利克急救法的冲击方向是（　　）。

A. 向内向里　　　　　　　　　B. 向内向上

C. 向内向下　　　　　　　　　D. 向外向上

5. 发生气管异物梗阻时,背部叩击法最多进行叩击（　　）。

A. 3次　　　　　　　　　　　B. 5次

C. 7次　　　　　　　　　　　D. 10次

参考答案：1. A;2. D;3. D;4. B;5. B。

二、判断题

1. 当孩子吞下异物并进入胃部后,应优先选择为其实施刺激喉咙催吐的方式将异物排出。（　　）

2. 呼吸道异物对孩子的健康有严重的威胁,如果异物较小,则容易进入孩子的支气管,通常很难自然咳出,需要手术取出。（　　）

3. 海姆立克急救法的原理是通过向孩子下腹部施加外力,挤压胸腔使肺部和气管中的空气排出,从而带出异物。（　　）

4. 1岁以内婴儿突发气管异物梗阻时,应急处理方法与幼儿气管梗阻的处理方法一致。（　　）

5. 使用推腹法为发生急性气管异物梗阻的幼儿进行急救时,应将幼儿平躺仰卧于坚硬的桌面或地面上。（　　）

参考答案：1. ×;2. √;3. √;4. ×;5. ×。

项目二 常见伤害情景处理

任务二 小外伤的初步处理

小外伤的初步处理

学习目标

知识目标	能力目标	素养目标
1. 能说出幼儿发生外伤出血的常见原因。 2. 能识别幼儿外伤出血的表现。 3. 了解幼儿外伤出血的危害	1. 能快速、正确地处理幼儿外伤出血。 2. 能与幼儿家长进行良好的沟通	1. 能在事情发生后保持冷静。 2. 能在操作过程中做到关心、保护好幼儿

情境导入

一天下午起床后,某幼儿园小班的小杰因抢小月的杯子时抓伤了小月,小月当场哭了起来。黄老师发现小月左脸被抓伤,长度为 5 厘米、宽 1 毫米,于是马上让保健老师进行了简单处理。放学时,家长到幼儿园接孩子,园方向家长作出道歉。幼儿园行政人员陪同家长带小朋友到医院看医生。对于小月左脸被抓伤的事故,幼儿园承认是老师看管失责。幼儿园会加强老师工作能力的培养,也会负起应有的责任。

出现这样的状况,幼儿园没有马上通知家长,小月的爸爸觉得不可思议。"这种事可大可小,为什么不第一时间通知我带小孩去医院呢?后来放学了,我知道了这件事,才把小孩送去医院处理伤口。"目前小月脸上的伤口已经开始结痂,是否会影响容貌,要看后期的恢复。

结合所学知识分析案例中保教老师在处理该事件的过程存在哪些问题?

知识储备

一、小外伤的类型及伤口特点

小外伤一般指较轻微的、小范围的损伤,以皮肤损伤为主,是幼儿较常见的意外伤型。皮肤作为人体最大的器官,也是人体的第一道防线,但其厚度通常只有 0.5~4.0 毫米。由于在最外层,人体在发生外伤时,皮肤成为最容易受伤的部位。幼儿容易出现的小外伤包括擦伤、刺伤、切割伤、挫伤等几种类型。

（一）擦伤

擦伤是指由于钝器（略有粗糙）机械力摩擦的作用，造成以皮肤表皮剥脱、翻卷为主要表现形式的损伤，属于开放性损伤。皮肤擦伤属于轻微损伤，皮肤的真皮层并未受损。擦伤最常出现的部位是面部、膝盖、肘部及小腿的皮肤。幼儿皮肤擦伤后，受伤部位可能出现以下症状。

（1）表皮破损。

（2）皮肤表层有明显擦（抓、刮）痕，或伴有表皮脱落。

（3）创面有较多小出血点和组织液渗出，但量较少。

（4）伴有明显的疼痛感。

（二）刺伤

刺伤是指尖细的锐器（如剪刀、刺刀、木刺、针、锥等）刺破皮肤及组织所导致的损伤。通常，孩子的手指容易发生刺伤。刺伤的伤口深浅难以辨别，且易伤及深部组织，容易发生感染，特别易受厌氧菌的感染。皮肤被尖锐物刺伤后，受伤部位可能出现以下症状。

（1）不会自行流血或少量流血。

（2）伤口常有异物（或部分）留存。

（3）伤处形成一个小洞。

（4）伴有较大的疼痛感。

（三）切割伤

切割伤是指皮肤、皮下组织或深层组织受到玻璃碎片、刀刃等锐器的划割而发生的破损裂伤。皮肤被锋利物切或割伤后，受伤部位可能出现以下症状。

（1）创面比较整齐。

（2）伤口面积小，多呈直线状，周围组织损伤较轻，伤口可深可浅。

（3）一般出血量较多。

（4）伴有较大的疼痛感。

二、小外伤的产生原因

小外伤是幼儿常见的意外伤害类型，其原因主要与幼儿自身心理与生理特点、成人监护与安全教育以及环境等因素有关。

首先，幼儿的皮肤层十分细腻薄嫩，最外层起耐磨作用的角质层是单层细胞，保护能力差，在外力作用下容易发生损伤和感染。再加上幼儿对危险缺乏认识，自我保护意识也较薄弱，当他们在玩弄小刀、剪刀、针等利器，或者在户外钻爬树丛时，容易造成皮肤割伤或刺伤。同时，幼儿活泼好动、精力充沛，但动作还不够协调，容易发生意外跌倒或碰撞，从而诱发小外伤。

其次，幼儿小外伤的发生与成人的看护不周和安全教育的缺乏有直接关系。成人如果事先没有对幼儿进行安全教育，在幼儿出现危险动作或玩弄危险物品时没能及时制止，也没有制定相关行为规范等,那么可能会增加幼儿受伤的概率。

最后,当幼儿活动的环境中有较多的危险因素(如锋利的小刀、破碎的玻璃、带刺的植物、带尖角的家具或玩具、光滑的地面等),或者幼儿活动的环境较为拥挤时都容易导致小外伤的发生。

三、小外伤的危害

小外伤除会给幼儿带来疼痛感外,还会对幼儿的健康造成影响,主要包括伤口出血、感染及肿胀等。

(一)出血

当皮肤因擦伤、切割伤或刺伤而造成血管的任何部分损伤后,就会发生出血。由于血液是流动的红色液体,因此即使是少量的出血,看起来也会很多。当幼儿发生小范围的出血时,保教老师不要过于惊慌,因为大多数由小外伤所引起的出血都不会威胁到幼儿的生命。

人体的血管按构造功能的不同可分为毛细血管、静脉血管和动脉血管三种类型。毛细血管是一种微小的血管,分布在人体全身的各种组织和器官中,是连接动脉与静脉,进行血液与组织间物质交换的主要场所。一般情况下,小外伤所引发的都是皮肤表层的毛细血管破损,出血量不多,通过直接压迫便可以很快将出血止住。静脉血管比较接近于皮肤表面,其管壁薄,弹性较差,血液流速较慢。虽然静脉出血后可能会有严重后果,但通常也可以通过直接压迫较好地控制出血量。动脉出血的后果最为严重,由于动脉血管较粗、血流速度也快,因此在其受到损伤后会造成严重的出血,大量的血液会在短时间内丢失,如果没有及时控制可能会危及生命。

(二)感染

伤口感染是由病毒、细菌或其他微生物进入开放性伤口,并开始繁殖而引起的。一般小外伤所引起的感染范围较小,且血液流出还有助于清洁伤口,因此依靠自身免疫系统便可以逐渐修复。但是,刺伤的伤口深,虽然出血量非常少,但病菌难以排出,因而刺伤的感染风险很高。小伤口感染如果没有处理好,会导致伤口感染扩散,甚至引起其他严重的并发症,如败血症。此外,当含有病菌的体液(人体分泌或排出的液体)污染了某个物体后,被污染的物体就会变成传播病菌的媒介。

(三)肿胀

肿胀是指当伤处出现淤血、感染或充血时,身体某一部分体积出现增大的状态。当身体某部分受到挤压或碰撞引发闭合性损伤时,皮下组织和血管会因损伤而引发一定范围的出血,但由于皮肤表面没有开放性的伤口,因而伤处常出现肿胀。此外,当开放性的伤口出现局部感染时,也会引发炎性肿胀。肿胀通常会伴有明显的疼痛,当淤血被吸收或感染消失后,肿胀也会消退。

此外,有的幼儿有晕血症,当看到伤口流血后会脸色发白、恶心,甚至晕厥,但过后即可恢复正常。保教老师应详细了解幼儿的晕厥病史,避免其突然晕倒受伤。

要点提示

当幼儿受伤后,保教老师如发现幼儿伤口出血量较大且血流速度较快,这显然已不是小外伤,应及时进行压迫止血处理并送医院。

四、小外伤处理步骤

尽管小外伤一般都不会危及幼儿的生命,但保教老师仍需要及时做出正确的处理,以防止伤情进一步恶化,并及时通知幼儿的家长。具体可参考以下处理流程。

第一步:快速观察现场,确保周围环境安全。

第二步:尽快进行生命体征评估和二次评估,重点了解幼儿的受伤原因、伤口类型、数量、部位、形状、伤口内有无异物或脏东西污染、出血量及血流速度等情况,然后根据具体情况选择应对措施及告知家长。

评估结果若为轻度的擦伤、切割伤或刺伤,应对措施如下。

(1)清创:使用棉签蘸取生理盐水从中间向四周清洗伤口及其周围皮肤(也可用流动水直接冲洗),以去除伤口及周围的污物。如果是刺伤,应先将残留的异物小心拔出,再清洗伤口。

(2)止血:一般小伤口会自行止血。如果出血较多的话,可以用无菌敷料放在伤口上按压约5分钟,并将伤口抬高到心脏以上的位置,直到血止住。

(3)消毒:使用消毒棉签蘸取碘伏,从中间向四周方向擦拭伤口及周围皮肤,预防感染。

(4)包扎:伤口较小时,一般无须包扎伤口;如果伤口较大,可以使用消毒纱布覆盖伤口,然后再用胶带固定即可。包扎可避免伤口感染,但需每天更换一次纱布。

第三步:做好事后追踪,及时了解幼儿的健康状况,并与相关人员(幼儿、家长、教师等)及时进行有效沟通。

第四步:上报相关机构或对外信息公开(如有必要)。

第五步:记录归档。

― 要点提示 ―

(1) 清创和消毒时,施救者要戴好防护手套,禁止用手直接触碰幼儿的伤口,且消毒棉签要勤更换,避免伤口被重复污染。流动水最好使用接近体温的温水或肥皂水,避免刺激伤口。

(2) 不要在伤口上涂抹牙膏、草木灰、植物油等来止血,这会增加感染风险。

任务实施

一、实训要求

小组以 5 人为单位,从轻度切割、擦、刺伤和轻度挫伤中任选一种情况,然后自拟情境与角色,按照小外伤处理的标准步骤及应急处理要求,模拟幼儿发生小外伤时的应急处理全过程。小组模拟结束后,请使用评价表对展示组进行评价。

二、实施条件

环境准备	理实一体化教室,环境干净、整洁、安全、温湿度适宜
设备准备	幼儿仿真模型
物品准备	碘伏、棉签、生理盐水(或流动水)、无菌纱布、弹力绷带、医用剪刀、签字笔、记录本、免洗手消毒剂
人员准备	照护者着装整齐,洗手、剪指甲,具备处理幼儿小外伤的操作技能和相关知识

三、实施评价

小外伤的初步处理实训评价表

评分项目	评分标准或要求	分值	评价方式			得分
			自评	观察员评	师评	
			权重 20%	权重 30%	权重 50%	
1. 流程完成度	模拟救助流程完整,包含以下六个步骤:观察现场→评估伤情→救助处理→沟通与疏导→上报与公开→记录归档	10分				
2. 救助措施	(1) 救助措施基于评估结果; (2) 救助步骤完整、正确; (3) 救助操作规范	30分				
3. 团队合作	(1) 主动寻求团队成员的帮助; (2) 小组分工明确; (3) 应对过程配合密切	20分				
4. 有效沟通	(1) 给予幼儿(包括伤病儿及其他幼儿)关心和安慰; (2) 及时、准确地上报相关人员(保健老师和园所负责人); (3) 及时、恰当地联系伤病儿童家长; (4) 表达简洁流畅,用语文明礼貌	20分				
5. 应对效率	(1) 熟悉救助流程; (2) 救助过程效率高,不拖拉	10分				
6. 人文关怀	(1) 通过语气、表情、肢体动作等给予伤病儿童关注与呵护; (2) 尊重伤病儿童家长的感受和诉求	10分				
综合模拟实训总分		100分	小组总得分			

知识测试

1. 毛毛摔倒后，左手肘部皮肤表皮有破损，创面有较多小出血点和沙土，还伴有组织液渗出，皮肤表层有明显的刮痕和表皮脱落。根据伤口特点，毛毛的小外伤类型属于（　　）。

   A. 切割伤

   B. 擦伤

   C. 刺伤

   D. 挫伤

2. （接第1题）经过快速评估后，旁边的杨老师接下来的做法正确的是（　　）。

   A. 安慰孩子，然后直接带毛毛去保健室处理伤口

   B. 立即安慰孩子，然后给孩子家长打电话告知情况

   C. 安排其他孩子的看护，然后给予安慰，并带孩子到保健室处理伤口

   D. 从活动室中取来外用药给孩子处理伤口

3. （接第2题）孩子来到保健室后，保健老师的处理方式正确的是（　　）。

   A. 先使用医用酒精对孩子伤口进行清洗，然后抹上抗菌软膏

   B. 直接用手摸孩子的伤口，然后用生理盐水对伤口进行冲洗

   C. 先用流动清水冲洗伤口，再用碘伏消毒伤口

   D. 先用流动清水冲洗伤口，再在伤口上涂抹牙膏

4. 午睡时蛋蛋不小心额头撞到床沿处大哭起来，蛋蛋额头瞬间凸起一个红红的"大包"，但是没有流血。下列关于蛋蛋伤口处理的方法正确的是（　　）。

   A. 用冰袋直接敷在孩子伤口处，冰敷消肿

   B. 在伤口抹上跌打药，然后用手揉搓伤处，促进消肿

   C. 让孩子仰卧休息，抬高双腿，加速头部血液循环

   D. 用冷毛巾敷在孩子伤口处，冷敷消肿

5. 下列关于轻度擦伤、切割伤、刺伤的处理表述正确的是（　　）。

   A. 清创时应从四周向中间清洁伤口及其周围皮肤

   B. 可以用牙膏、食用油等在伤口处涂抹止血

   C. 应优先选用双氧水或红汞等药品进行伤口消毒

   D. 如果伤口较大，处理好伤口后应使用消毒纱布覆盖伤口，再用胶带固定

参考答案：1. B；2. A；3. C；4. D；5. D。

任务三　烫伤的初步处理

烫伤的初步处理

学习目标

认知目标	能力目标	素养目标
1. 能说出幼儿发生烫伤的常见原因。 2. 能识别幼儿烫伤的程度。 3. 了解幼儿烫伤的危害	1. 能快速、正确地初步处理幼儿烫伤。 2. 能与幼儿家长进行良好的沟通	1. 能在事情发生后保持冷静。 2. 能在操作过程中做到关心、保护好幼儿

情境导入

4岁女孩悦悦在幼儿园吃饭时,不小心打翻了汤碗,腿被热汤烫伤。日前,悦悦父母将幼儿园告上法庭,要求赔偿各项损失3万余元。经区人民法院办案法官介绍,法院经过审理,认定幼儿园应当赔偿悦悦医疗费、护理费等共计3700余元,悦悦今后可能产生的后续治疗费等,应在发生费用后另行起诉。

如果你是案例中当事保教老师,在上面烫伤案例事故中,你该如何预防或者避免?

知识储备

烫伤是由无火焰的高温液体(沸水、热油等)、高温固体(烧热的金属等)或高温蒸气等所致的组织损伤。此外,因为皮肤长时间接触高于体温的低热物体也可能出现低热烫伤。接触70 ℃的温度持续1分钟,皮肤可能就会被烫伤;接触60 ℃的温度持续5分钟以上时,也有可能造成烫伤,因幼儿活泼好动,好奇心重,没有安全意识,所以幼儿烫伤事件大多发生在3岁以内的幼儿。

一、幼儿烫伤的症状

只有掌握烫伤后的症状,才能对烫伤严重程度做出正确判断,并采取相应的处理措施,通常以三度四分法对皮肤烫伤进行分类。

（一）Ⅰ度烫伤

仅伤及表皮浅层，生发层健在。表面红斑状、干燥，有烧灼感。再生能力强。3～7天脱屑痊愈，短期内可有色素沉着。

（二）浅Ⅱ度烫伤

伤及表皮的生发层和真皮乳头层。局部红肿明显，有大小不一的水疱形成，内含淡黄色澄清液体，水疱皮若剥落，创面红润、潮湿、疼痛明显。创面靠残存的表皮生发层和皮肤附件的上皮再生修复，如无感染，创面可于1～2周内愈合，一般不留疤痕，但可能有色素沉着。

（三）深Ⅱ度烫伤

伤及真皮乳头层以下，但仍残留部分网状层，深浅不一，也可能有水疱。去水疱皮后，创面微湿，红白相间，痛觉较迟钝。

（四）Ⅲ度烫伤

又称为焦痂型烫伤。全层皮肤受损，可深达肌肉甚至骨骼、内脏器官等。创面蜡白或焦黄，甚至炭化，硬如皮革，干燥，无渗液，发凉，针刺和拔毛无痛感，可见粗大栓塞的树枝状血管网。皮肤及其附件全部被毁，3～4周后焦痂脱落形成肉芽创面，创面修复有赖于植皮，较小的创面也可由残存的皮肤自行生长修复。

二、导致幼儿烫伤的原因

导致幼儿烫伤的原因可以从幼儿自身因素、成人因素以及环境因素等角度来分析。

（一）幼儿自身因素

由于认知能力限制、生活经验缺乏等原因，幼儿不能准确辨别可能引起烫伤的事物（如热水壶、电插座等），再加上他们自我保护意识薄弱，好奇心较强，喜欢到厨房、盥洗室等场所玩耍，常会不小心碰触热水、热汤、热锅、电源等物品，从而导致意外烫伤。此外，幼儿的动作发展还不够成熟，尤其在学步阶段，其动作协调性不完善，活动范围又得到了较大的扩展，这使得他们容易接触到各种热源而引发烫伤。随着年龄的增长，幼儿发生烫伤的概率呈逐渐下降趋势。

（二）成人因素

许多调查研究都表明，家是幼儿出现烫伤事故的主要场所。成人作为幼儿的看护者和照顾者，他们对幼儿烫伤事故的发生负有首要责任。如果成人对危险的预防意识不足，没有管理好幼儿活动范围内的热源、电源或引火物，同时又对幼儿看护、监管不周，或者没有及时对幼儿进行必要的安全预防教育等，让幼儿得以有机会碰触这些危险物品，这些都可能导致幼儿发生烫伤事故概率的增加。此外，在幼儿集中的托幼园所中，幼儿烫伤事故也并不少见。究其原因，多是由园所管理不规范或保教老师安全意识薄弱、操作失误等人为因素所引发的。

(三) 环境因素

幼儿烫伤事故的发生与其居住或生活的环境有着密切关系，尤其是居住环境较差的幼儿，其在活动范围内更容易接触到热源、电器或危险化学品等可能导致烫伤的物品。因而，生活在农村地区的幼儿发生烫伤的概率要明显高于生活在城市地区的幼儿。

三、烫伤的危害

由于幼儿皮肤较薄，在同等热力作用下较成人受伤更为严重。烫伤对幼儿健康的具体危害要根据受伤的严重程度而定，而其严重程度又受到多种因素的影响，包括烫伤的类型、部位、面积、深度，是否有中毒及合并伤，年龄，伤前健康状况，伤后处理是否及时、正确等。

如果幼儿不小心发生了烫伤，可以通过受伤处的面积、部位和深度这三个因素来判断幼儿是否需要立即接受专业的医疗机构治疗。

烫伤面积：较大面积的烫伤往往意味着受伤程度严重。

烫伤部位：如面部、手、脚或生殖器的烫伤比其他部位的烫伤更严重。

烫伤深度：较深的烫伤往往表明受伤程度严重。

在幼儿发生烫伤后，保教老师应快速检查幼儿的受伤部位，并参考下表评估其受伤部位的烫伤深度。

烫伤程度	受伤范围	伤口外观	疼痛感	恢复期
Ⅰ度	表皮	红肿	剧痛、敏感	1周内，无疤痕
浅Ⅱ度	表皮及真皮乳头层	红肿、表层水疱	疼痛、敏感	2周内，轻微或无疤痕
深Ⅱ度	真皮深层	浅红、多层大水疱	稍痛、不敏感	3周以上，有疤痕
Ⅲ度	表皮及真皮的全层皮肤	死白色或焦黑色	失去痛觉	植皮愈合，伤口有功能障碍

四、烫伤处理步骤

当幼儿发生热液烫伤后，急救措施进行得越早，其受伤程度越易得到缓解。当发现幼儿被热液烫伤时，保教老师应立即将幼儿脱离热源，然后根据幼儿的受伤情况实施初步的应急处理。具体处理可参考以下步骤。

（1）快速观察现场，确保周围环境安全，并迅速寻找可能引发烫伤的因素。

（2）尽快进行生命体征评估和二次评估，了解幼儿的受伤面积、部位等情况，然后根据具体情况选择应对措施及告知家长（注意：由于烫伤后越早处理越能减轻损伤，所以前面几个步骤应尽快完成，并立即对幼儿的受伤部位进行现场处理）。热液烫伤的现场应急处理步骤可概括为：冲→脱→泡→盖→送。

冲：立即用流动水冲洗受伤处 20 分钟左右，直至疼痛消失，或将受伤部位浸泡于冷水中，以快速降低皮肤表面的温度和清洁创面，减轻损害及疼痛。如果受伤部位不易冲洗，可通过用湿毛巾（1～2分钟换一次）或用包住冰块的毛巾贴在受伤处的方式来对其进行冷却。

脱：在水中小心脱去或剪开受伤处周围的衣物（如果有的话）。如果衣服与皮肤粘连，则保留粘连处交由医生处理。

泡：继续将受伤处浸泡在洁净的冷水（不可以用冰水）中 10 分钟，以减轻疼痛。如果受伤面积大，则不宜浸泡太久，以免体温过度下降，诱发休克或延误治疗；如果是全身性烫伤或大面积烫伤，可以让孩子穿着衣服浸泡在水中冷却，或用湿毛巾包裹住孩子的全身。

盖：用保鲜膜轻轻覆盖在伤口处，避免受伤处粘连，然后用无菌纱布包好。

送：浅层的、小范围的轻度热液烫伤无须送医处理，可自愈，但也应及时通知家长。但如出现以下情况，则应立即送医处理。

①烫伤面积超过体表面积的 1%（约幼儿一个手掌的面积）。

②损伤程度较深,局部皮肤呈灰白、黑色或似皮革样、焦痂样。

③面部、手、脚或生殖器被烧(烫)伤。

④患儿意识、自主呼吸及循环状态出现异常。

⑤其他自己无法处理的情况。

(3) 做好事后追踪,及时了解幼儿的健康状况,并与相关人员(幼儿、家长、教师等)进行有效沟通。

(4) 上报相关机构或对外公开信息(如有必要)。

(5) 记录归档。

— 要点提示 —

1. 不要将酱油、牙膏、紫药水、红药水、小苏打、食用碱等物涂抹在烫伤局部,以免增加感染风险。

2. 不要将冰块直接敷在热液烫伤局部,以免引起二次损伤。

3. 不要去掉粘连在热液烫伤部位的任何东西,以免烫伤处进一步损伤或感染。

4. 不要弄破水疱,因为没有破损的水疱可以预防感染。

 任务实施

一、实训要求

小组以5人为单位,模拟幼儿在幼儿园不小心被热液烫伤的情境,按照烫伤处理的标准步骤及应急处理要求,模拟幼儿发生烫伤时的应急处理全过程。小组模拟结束后,请使用评价表对展示组进行评价。

二、实施条件

环境准备	理实一体化教室,环境干净、整洁、安全、温湿度适宜
设备准备	照护床、椅子、幼儿仿真模型、流动水冲淋装置
物品准备	签字笔、记录本、免洗手消毒剂、无菌敷料、剪刀
人员准备	照护者着装整齐,洗手、剪指甲,具备幼儿烫伤初步处理的操作技能和相关知识

三、实施评价

烫伤的初步处理实训评价表

评分项目	评分标准或要求	分值	评价方式 自评 权重 20%	评价方式 观察员评 权重 30%	评价方式 师评 权重 50%	得分
1. 流程完成度	模拟救助流程完整,包含以下六个步骤:观察现场→评估伤情→救助处理→沟通与疏导→上报与公开→记录归档	10分				
2. 救助措施	(1) 救助措施基于评估结果; (2) 救助步骤完整、正确; (3) 救助操作规范	30分				
3. 团队合作	(1) 主动寻求团队成员的帮助; (2) 小组分工明确; (3) 应对过程配合密切	20分				
4. 有效沟通	(1) 给予幼儿(包括伤病儿及其他幼儿)关心和安慰; (2) 及时、准确地上报相关人员(保健老师和园所负责人); (3) 及时、恰当地联系伤病儿童家长; (4) 表达简洁流畅,用语文明礼貌	20分				
5. 应对效率	(1) 熟悉救助流程; (2) 救助过程效率高,不拖拉	10分				
6. 人文关怀	(1) 通过语气、表情、肢体动作等给予伤病儿童关注与呵护; (2) 尊重伤病儿童家长的感受和诉求	10分				
综合模拟实训总分		100分	小组总得分			

知识测试

一、选择题

1. 蛋蛋被发热的汽车尾气排气管烫伤,1根手指立即出现了发红、肿胀,而且还出现了一个水疱。这表明,受伤部位已经伤至手掌皮肤的(　　)。

　　A. 表皮层　　　　B. 真皮层　　　　C. 全层　　　　D. 骨骼层

2. (接第1题)根据烫伤受损深度的分类,蛋蛋手指烫伤的严重程度应该属于(　　)。

　　A. Ⅰ度烫伤　　　B. 浅Ⅱ度烫伤　　　C. 深Ⅱ度烫伤　　　D. Ⅲ度烫伤

3. (接第2题)根据蛋蛋的烫伤症状,下列应急处理措施中正确的是(　　)。

　　A. 立即用流动水冲洗受伤手指10分钟,然后用针挑破水疱

　　B. 立即在受伤手指处涂上食用醋

　　C. 先用流动水冲洗受伤手指15分钟,然后将手指放在水盆中浸泡20分钟,再敷上无菌纱布,送医处理

　　D. 先用流动水冲洗受伤手指15分钟,然后涂上牙膏

4. 发生热液烫伤后的应急处理的方法可概括为(　　)。

　　A. 冲、脱、泡、盖、送　　　　　　　　B. 冲、泡、脱、盖、送

　　C. 冲、盖、脱、泡、送　　　　　　　　D. 泡、冲、脱、盖、送

5. 毛毛不小心将食品干燥剂洒入眼睛,经评估其左眼睛受伤,眼睑出现肿胀,眼睛有刺痛感,眼结膜有轻度烧伤。这时,根据化学烧烫伤的应急处理措施,应(　　)。

　　A. 立即打一盆清水,让孩子将双眼浸泡在水中5分钟以上

　　B. 立即用嘴向孩子眼睛吹气

　　C. 立即告诉孩子用水拍打眼睛,并用毛巾揉搓

　　D. 立即带孩子到自来水龙头处,让孩子左眼位于下方,用流动的自来水冲洗左眼5分钟以上

　　参考答案:1. B;2. B;3. C;4. A;5. D。

二、判断题

1. 通常,在孩子受到电击伤后,电流可伤及组织内部深处肌肉和骨骼,且在皮肤表面可以看到较大的撕裂伤口。(　　)

2. 无论孩子遭受何种烧烫伤,救助者在第一时间应该做的是检查周围环境,将孩子脱离危险的环境,以减少危险物的进一步伤害。(　　)

3. 当怀疑孩子可能被电击伤时,应该用手快速地去触碰孩子,试探有无电流。没有电流就可以给孩子提供救助。(　　)

4. 当孩子不慎吞服了强酸制剂时,应该立即刺激喉咙催吐,以减少化学物品对胃的伤害。(　　)

5. 当孩子皮肤不慎接触强碱化学粉末时,应该立即用衣服掸去化学物,然后用大量流动水冲洗,再用敷料覆盖后送医。( )

参考答案:1.×;2.√;3.×;4.×;5.√。

任务四　溺水的紧急处理

溺水的紧急处理

学习目标

认知目标	能力目标	素养目标
1. 能说出幼儿发生溺水的常见原因。 2. 能识别幼儿发生溺水的特征。 3. 了解幼儿发生溺水的危害	1. 能快速、正确地处理幼儿溺水。 2. 能与幼儿家长进行良好的沟通	1. 能在事情发生后保持冷静。 2. 能在操作过程中做到关心、保护好幼儿

情境导入

7月11日早上,某幼儿园的嘟嘟小朋友在上游泳课时发生溺水,后经抢救已度过危险期。当孩子被救上来的时候就已经是昏迷状态了。有一个厨房阿姨帮助做人工呼吸,按人中,往外压水,孩子吐了两次水后醒了,然后老师们就给120打电话。但120调度不开,老师就自己打车将孩子送到医院。"而令我们气愤的是,一直到孩子送到医院经过抢救后,幼儿园才给我们打电话……"嘟嘟妈妈说。

据了解,上游泳课时,泳池的水到达孩子肚脐处,且并没有专业的游泳教练陪同,而只是由老师带领孩子们在水中玩水。当时有25个孩子在上游泳课,其中7个孩子由于感冒没有下水。上课时,泳池里有三个老师,泳池外边也有三个老师看守。嘟嘟的落水时间是10点20分左右,是其中一位老师首先发现的,她看到嘟嘟正在水中挣扎,于是其余几个老师赶紧将孩子拖到泳池边进行抢救。

该案例可以给我们带来哪些启示?

知识储备

一、幼儿溺水的特征

溺水又称淹溺,是指机体淹没或浸没在液体里时,机体呼吸循环功能、内环境、水电解质急剧改变的一种状态。无论整个身体是不是在水中,只要呼吸道(口鼻)淹没在水中造成呼吸障碍,就属于溺水。当孩子即将发生溺水时通常会呈现以下特征。

(1) 头浸没于水下,嘴巴露出水面。

(2) 头向后仰起,同时嘴是张开的。

(3) 眼神涣散无法聚焦,茫然地看着前方,头在水面上,眼睛紧闭。

(4) 头发遮挡住前额,或者眼睛。

(5) 看似直立于水中,腿无法运动。

(6) 在水面上大口地呼吸,或者喘息、没有声响。

(7) 试图翻转身体。

(8) 好像在爬一段不存在的楼梯。

保教老师在发现幼儿表现出以上一些特征时,应立即呼叫幼儿的名字,如果幼儿没有回应则可能已经出现溺水,应立即施救。

溺水持续时间较长的孩子可能表现出意识丧失、呼吸停止、脉搏消失、瞳孔放大、体温下降等症状;而持续时间较短者则可出现头痛或视觉障碍、剧烈咳嗽、胸痛、呼吸困难等症状。

二、幼儿溺水的常见原因

溺水是由个体的内在因素和外在环境因素相互作用造成的。导致幼儿溺水发生的因素主要包括幼儿自身因素、监护人因素与其他因素。

(一) 幼儿自身因素

首先,几乎所有的孩子都喜欢玩水,无论是低龄的婴幼儿还是年龄较大的孩子。这种天性促使孩子们不断去寻找、接近身边有水的地方,但在玩耍的过程中,幼儿常缺乏预防意识,导致在玩水、游泳时高危行为的出现,从而增大溺水事件发生的可能性。

其次,1—4岁低龄幼儿身体协调功能尚未发育完善,更缺乏游泳的技巧和能力,因此,只需要少量水(仅3厘米深,只要可以淹没孩子的口鼻),溺水就有可能发生。

(二) 监护人因素

监护人看护不力是造成幼儿发生溺水的重要原因。在媒体公开报道的溺水案例中,很多幼儿在发生溺水的时候,其监护人都不在身边。尤其是在我国南方的农村地区,村落多散居,且周围多河流、湖泊或水塘,再加上幼儿监护人多需要外出务农或务工,没有时间看护孩子,使得这些地区幼儿的溺水发生率很高。此外,监护人自身缺少安全预防意识,没能及时对幼儿进行必要的安全教育,也是导致幼儿发生溺水的重要因素。

(三) 其他因素

幼儿容易发生溺水事故还与一些其他因素有关。例如,人口居住区周围的湖泊、河流等水源没有设置围栏或危险警示牌等设施,托幼园所中关于预防溺水的安全教育不足或缺失等。

三、溺水的危害

溺水对幼儿健康的危害主要受到缺氧的时间和程度影响。如果溺水时间持续很短暂,可能并不会影响幼儿的健康,但如果持续时间较长则可能会严重威胁幼儿的生命。这是因为在幼儿发生溺水后,大量的水会进入其呼吸道和肺泡,水中的杂草、淤泥、呕吐物等杂物也可能堵塞呼吸道,这都会导致肺部气体的交换受到阻滞,从而引起全身缺氧和二氧化碳滞留,而人体大脑细胞的功能活动主要为糖的有氧代谢,在溺水窒息后机体便会进入缺氧状态,大脑细胞极易受损。通常,幼儿在发生溺水约2分钟后便会丧失意识,机体很快进入缺氧状态,这种状态持续4～6分钟便可导致大脑神经元发生不可逆的病理改变,如果缺氧持续10分钟及以上,那么机体存活的概率就很小了。

此外,即便溺水的幼儿被及时救出,因呛咳进入肺部的水和杂物也可能引起上呼吸道或肺部感染等疾病,呼吸道内的水经肺泡吸收到血液循环后还可引起血液稀释、血容量增加及溶血,造成急性肺水肿和电解质紊乱等严重并发症。

综上可知,溺水对幼儿健康的危害巨大,严重威胁着幼儿的生命安全。保教老师和家长需要重视幼儿溺水事故的预防,并掌握相关的应急处理方法。

四、溺水实施步骤

在发现幼儿溺水后,保教老师如果不会游泳,应立即大声呼救,向周围人员求助;如果会游泳,应在保证自身安全的前提下尽快将幼儿带离水中。同时,要提前安排人员看护好现场的其他幼儿。在幼儿被救上岸后,应抓住救人的最佳时机,及时正确地给幼儿进行溺水急救。具体实施步骤可参考以下几点。

(1) 观察现场,确保周围环境安全。

(2) 施救者应先将溺水幼儿仰卧于平坦的地面上,快速判断幼儿的意识、呼吸和心跳等情况。安排其他老师维护现场秩序,并让身边的人拨打120急救电话和通知园长及保健老师,然后根据下列伤情评估结果选择应对措施。

①幼儿有呼吸心跳、意识尚清,则采取侧卧位,使口鼻自动排出液体,同时做好保暖,安抚幼儿,缓解其恐惧、紧张情绪。

②幼儿无反应、无呼吸,则应立即实施心肺复苏,即开放气管、人工呼吸、胸外按压三个步骤。送医院,进行进一步处理。

(3) 做好事后追踪,及时了解幼儿的健康状况,并与相关人员(幼儿、家长、教师)及时进行有效沟通。

(4) 上报相关机构或对外公开信息(如有必要)。

(5) 记录归档。

— 要点提示 —

1. 无论是溺水还是呛水都无须任何形式的控水。
2. 在孩子没有清醒之前,不能给孩子喂任何食物和水。
3. 尽量和身边的人一起合作为孩子实施急救。

 任务实施

一、实训要求

小组以5人为单位,模拟幼儿在幼儿园游泳时的溺水情境,按照溺水处理的标准步骤及应急处理要求,模拟幼儿发生溺水时的应急处理全过程。小组模拟结束后,使用评价表对展示组进行评价。

二、实施条件

环境准备	理实一体化教室,环境干净、整洁、安全、温湿度适宜
设备准备	硬板床、椅子、幼儿仿真模型
物品准备	签字笔、记录本、免洗手消毒剂、毛巾、毛毯
人员准备	照护者着装整齐,洗手、剪指甲,具备处理幼儿溺水的操作技能和相关知识

三、实施评价

溺水的紧急处理实训评价表

评分项目	评分标准或要求	分值	评价方式			得分
			自评 权重 20%	观察员评 权重 30%	师评 权重 50%	
1. 流程完成度	模拟救助流程完整,包含以下六个步骤:观察现场→评估伤情→救助处理→沟通与疏导→上报与公开→记录归档	10分				
2. 救助措施	(1) 救助措施基于评估结果; (2) 救助步骤完整、正确; (3) 救助操作规范	30分				
3. 团队合作	(1) 主动寻求团队成员的帮助; (2) 小组分工明确; (3) 应对过程配合密切	20分				
4. 有效沟通	(1) 给予幼儿(包括伤病儿及其他幼儿)关心和安慰; (2) 及时、准确地上报相关人员(保健老师和园所负责人); (3) 及时、恰当地联系伤病儿童家长; (4) 表达简洁流畅,用语文明礼貌	20分				
5. 应对效率	(1) 熟悉救助流程; (2) 救助过程效率高,不拖拉	10分				
6. 人文关怀	(1) 通过语气、表情、肢体动作等给予伤病儿童关注与呵护; (2) 尊重伤病儿童家长的感受和诉求	10分				
	综合模拟实训总分	100分		小组总得分		

知识测试

一、选择题

1. 下列关于幼儿溺水的表述中,正确的是(　　)。
A."湿性溺水"多发生在游泳初学者身上
B. 当发现孩子头露在水面上、眼睛紧闭、双手慌乱用力拍打水面时,应怀疑孩子正发生溺水
C. 发现水中玩耍的孩子有行为异常时,应先观察一会儿,等孩子没有反应确定发生溺水事故后再救援
D. 溺水者都会吸入大量的水,所以救助前应进行控水

2. 如果幼儿溺水被救上岸后已无意识、无呼吸。此时应(　　)。
A. 立即将孩子倒立控水
B. 立即去除孩子口鼻腔异物,并尽快实施心肺复苏,拨打120急救电话
C. 将孩子倒挂肩上来回奔跑
D. 立即送往医院急救

3. 如果溺水幼儿被救上岸后意识尚清醒,有自主呼吸和心跳。下列救助措施中正确的是(　　)。
A. 立即为孩子实施心肺复苏
B. 将孩子倒立控水
C. 保持侧卧位休息,等待120救援人员到来或立即送医
D. 立即掐孩子人中穴

4. 孩子发生溺水后,如果持续缺氧(　　)分钟便可能引发大脑不可逆的损伤。
A.0～1分钟　　　　B.1～2分钟　　　　C.2～3分钟　　　　D.4～6分钟

5. 关于溺水的预防措施中,表述不正确的是(　　)。
A. 家园协作是预防溺水的重要途径
B. 托幼园所和家庭都应严格管理水源
C. 尽早教会孩子游泳可以预防溺水事故的发生
D. 从小就要对孩子进行防溺水安全教育

参考答案:1.B;2.B;3.C;4.D;5.C。

二、判断题

1. 幼儿溺水事故多发生在室外或郊外,家庭中一般没有大型的水池,所以通常不会发生溺水事故。(　　)

2. 溺水者在进入水中后出现惊慌恐惧的情绪,使身体产生应激反应,喉部发生痉挛,从而导致呼吸道被阻塞,最终窒息死亡。这种溺水属于湿性溺水。(　　)

3. 孩子发生溺水后出现意识丧失及自主呼吸和心跳停止的症状时,救助者的黄金急救时间只有 4 分钟左右。（ ）

4. 在对发生溺水的孩子进行心肺复苏前应该检查其鼻腔、口腔内是否有异物,如果有应该及时去除。（ ）

5. 孩子在园内发生溺水事故后,如果生命症状没有异常,保教老师就无须将孩子送医检查,联系家长即可。（ ）

参考答案:1.×;2.×;3.√;4.√;5.×。